# A Trajetória de um Guardião Viking

---
Conforme Novo Acordo Ortográfico
---

Silvio da Costa Mattos

# A Trajetória de um Guardião VIKING

MADRAS®

© 2009, Madras Editora Ltda.

*Editor*:
Wagner Veneziani Costa

*Produção e Capa*:
Equipe Técnica Madras

*Revisão*:
Maria Cristina Scomparini
Neuza Rosa
Bárbara Eliza A. Martins

---

**Dados Internacionais de Catalogação na Publicação (CIP)**
**(Câmara Brasileira do Livro, SP, Brasil)**

Mattos, Silvio Ferreira da Costa
A trajetória de um guardião Viking/Silvio Ferreira da Costa Mattos. – São Paulo: Madras, 2009.

Bibliografia
ISBN 978-85-370-0502-6
1. Mediunidade 2. Psicografia 3. Romance brasileiro 4. Umbanda (Culto) I. Título.

09-06221     CDD-299.672

Índices para catálogo sistemático:

1. Romance mediúnico: Umbanda 299.672
2. Umbanda: Romance mediúnico 299.672

---

É proibida a reprodução total ou parcial desta obra, de qualquer forma ou por qualquer meio eletrônico, mecânico, inclusive por meio de processos xerográficos, incluindo ainda o uso da internet, sem a permissão expressa da Madras Editora, na pessoa de seu editor (Lei nº 9.610, de 19.2.98).

Todos os direitos desta edição, reservados pela

**MADRAS EDITORA LTDA.**
Rua Paulo Gonçalves, 88 — Santana
CEP: 02403-020 — São Paulo/SP
Caixa Postal: 12183 — CEP: 02013-970
Tel.: (11) 2281-5555 — Fax: (11) 2959-3090
**www.madras.com.br**

## Agradecimentos

*A Deus, acima de tudo.
Ao Pai Oxalá.
Aos Orixás da Umbanda.
Aos Mentores, Guias e Protetores.
Aos meus familiares.
Aos médiuns e demais colaboradores da Associação de Pesquisas Espirituais
Ubatuba – APEU – Templo de Umbanda Branca do Caboclo Ubatuba.
Aos filhos de pemba do Caboclo Ubatuba, hoje dirigentes espirituais:*
Mãe Nanci Pedreira da Silva Barbosa – *da Tenda de Umbanda Caboclo
Sultão das Matas;*
Pai Dermeval Marques Saturnino – *do Templo de Umbanda Branca do
Caboclo Girassol;*
Pai Willian França Batista – *do Templo de Umbanda Branca Seara de
Jesus.*

## Homenagem

*IN MEMORIAM
Ao saudoso Ogã-Obá de Oxalá e patrono da APEU – Associação de
Pesquisas Espirituais Ubatuba –, Hevanir de Souza Mattos*

# Índice

**Apresentação** ............................................................................. 11
**Prefácio** ..................................................................................... 13

Capítulo 1
As Origens ................................................................................. 23

Capítulo 2
O Parto ....................................................................................... 25

Capítulo 3
O Funeral de Donien .................................................................. 31

Capítulo 4
O Despertar das Vocações ......................................................... 33

Capítulo 5
A Índole de Krone ...................................................................... 37

Capítulo 6
A Missão .................................................................................... 41

Capítulo 7
A Estratégia ................................................................................ 45

Capítulo 8
A Revolta de Thor ...................................................................... 51

Capítulo 9
O Cognome de Krone ................................................................ 55

Capítulo 10
O Adeus ao Líder ....................................................................... 63

Capítulo 11
A Tortura .................................................................................... 67

Capítulo 12
O Mosteiro ................................................................................. 71

Capítulo 13
A Surpresa................................................................................. 79

Capítulo 14
A Decepção ............................................................................... 85

Capítulo 15
O Retorno.................................................................................. 91

Capítulo 16
As Orientações do Recolhedor................................................ 95

Capítulo 17
O Julgamento ......................................................................... 101

Capítulo 18
O Confinamento .................................................................... 105

Capítulo 19
O Tormento do Cárcere ........................................................ 109

Capítulo 20
O Culto Satânico ................................................................... 113

Capítulo 21
A Transferência ..................................................................... 119

Capítulo 22
O Reencontro ......................................................................... 127

Capítulo 23
A Aliança ............................................................................... 133

Capítulo 24
A Captura ............................................................................... 137

Capítulo 25
A Cegueira Espiritual ........................................................... 143

Capítulo 26
O Castigo ............................................................................... 147

Capítulo 27
O Gato .................................................................................... 153

Capítulo 28
A Caminho da Luz ................................................................ 157

Capítulo 29
A Gravidez ................................................................................. 161

Capítulo 30
As Chagas .................................................................................. 165

Capítulo 31
O Ardil ....................................................................................... 171

Capítulo 32
As Aparições .............................................................................. 175

Capítulo 33
O Reino ...................................................................................... 179

Capítulo 34
Pontos do Exu das Sete Portas (Cantados e Riscados) ............... 181

**Biografia do Autor** ................................................................. 187

**Bibliografia** ............................................................................ 191

# Apresentação

Tão logo lançamos a primeira obra literária de cunho umbandista, o romance *O Arraial dos Penitentes*, cujas projeções extrassensoriais, sob a incumbência do CABOCLO UBATUBA, nos transportaram até os locais e as cenas e mostraram como os fatos ocorreram no período do Brasil Colônia de Portugal, sob o império da chibata e da insensibilidade dos senhores de escravos, para que o envolvimento de MUKUA MUKUNDA, seu personagem central, fosse transcrito da forma mais fiel possível, por meio de uma mediunidade pouco difundida, classificada como um mecanismo de absorção de imagens refletidas em uma tela mental, recebemos uma nova incumbência de nos prepararmos para vivenciar empolgantes aventuras reveladas em *A Trajetória de um Guardião Viking*. Nós as registramos de forma sintética, tendo em vista o extenso universo de tramas em que SURGAT KRONE, um viking dinamarquês, posteriormente, na sequência dos fatos, assumindo-se na busca de um caminho evolutivo, viu-se envolvido, até que conseguisse se firmar como um respeitável Exu DE LEI.

Os exemplos de resignação e disciplina que teve de assumir para suportar e suplantar as duras, contundentes e contingentes provações, pelas quais precisou passar, e a vitória alcançada com o apoio do magnífico irmão no Amor e na Fé, CABOCLO UBATUBA, foram preponderantes e primordiais para que pudesse compreender a filosofia pregada pelo MÉDIUM DOS MÉDIUNS, O CRISTO JESUS, e seus exemplos de humildade, mostrados e difundidos em ensinamentos que jamais deixaram de se pautar pela verdade – "Conhecereis a verdade e a verdade vos libertará" –, e pela crença viva em um SER SUPREMO, cuja incomparável inteligência arquitetou e criou um Universo Perfeito, com leis imutáveis e obedientes às necessidades de sua manutenção e sobrevivência, e o Homem, para que o habitasse e dele desfrutasse sem se desviar de suas regras fundamentais.

Sete Portas, o Exu em questão, antes arraigado a certo orgulho e a uma arrogância sem par, prevalecendo-se de algumas vantagens oferecidas por sua natureza física, sempre conquistou tudo o que almejava pelo uso da força bruta e por determinadas habilidades naturais que o tornavam "superior" aos demais elementos de sua tribo.

Para que pudéssemos narrar os acontecimentos e o envolvimento de sua cultura e dos hábitos das sociedades bárbaras em que os vikings se agrupavam, as imagens, por si somente, não bastaram como elemento elucidativo na transcrição de todo o enredo de sua história.

Tivemos de recorrer a diversas fontes informativas, em especial para a identificação, a formalização e a tradução de muitos termos particularmente adotados por uma língua de fonemas complexos e com muitas expressões e palavras já extintas pelo desuso e pelas translações sofridas no tempo e no espaço, alterando-lhes a significação, tanto por influências regionalistas quanto pelo apagar de certos hábitos transmudados por incorporações de culturas diversas e adversas, às quais se ajustavam ou se mantinham escravizadas ao seu meio.

Buscamos inteirações em compêndios especializados, não somente por uma questão de lisura, que nos é intrínseca, mas também para que pudéssemos constatar ou comparar a veracidade das informações, certificando-nos da não interferência de fatores externos que lhes pudessem anuviar a autenticidade.

Sua jornada pós-morte, pelas sendas da expurgação, por meio das quais necessitou delir as sujidades de sua alma, é forte exemplo de que a Misericórdia Divina jamais se nega ao perdão ou abandona seus filhos desgarrados do amor, seja em que circunstâncias forem, pois fazê-lo seria condenar a si mesmo, já que DELA somos consubstanciais formações e carregamos, até os limites de sua permissão, o sopro de vida que nos consolida como seres superiores dotados de certo grau de inteligência e intimamente ligados ao âmago desse Criador. Porém, tal regalia não nos exime de colher aquilo que por nós mesmos foi plantado: "A semeadura é livre, entretanto a colheita é obrigatória".

Evidencia-se que tais consumições funcionam qual abrasivos polidores que nos melhoram o estilo e esmeram o espírito, contribuindo para o alcance de nossa angelitude.

Ainda há muito a ser feito para que esse caminho seja totalmente transposto por ele, embora se considere que mais da metade já tenha sido percorrida por força da conscientização de que o bem e a fé lhe têm servido como elementos básicos, oferecidos como um atalho, para que possa atingir o ápice dessa conquista.

Sete Portas, hoje transformado em um fiel servidor de Jesus, dentro das limitações que suas atuais vibrações lhe permitem, não esconde as máculas que já carregou no passado, pois entende que suas revelações servirão de alerta àqueles que ainda ousam descrer da onipotência, da onipresença e da onisciência de DEUS, difundindo doutrinas ateístas, desafiadoras ou omissas ante as verdades de ORDEM SUPREMA, cujas indiscutíveis interpretações podem ser vistas, revistas e praticadas, em todos os cantos deste orbe, pelos homens de boa vontade.

*O Autor*

# Prefácio

Depois de receber os originais do livro *A Trajetória de um Guardião Viking* e tê-los lido, uma avalanche de fatos desfilaram por minha cabeça. Queria passá-los aos leitores, mas não sabia como nem por onde iniciar. Fiquei uma semana nessa indecisão. Então, na sessão espiritual seguinte ao acontecimento, falei com o Caboclo Ubatuba, que me aconselhou a me dirigir ao seu *congá* (ponto principal do Templo; lugar onde se firmam os elementos fundamentais de um Terreiro de Umbanda, Candomblé ou similar), com as folhas em branco, de modo a pedir aos Mentores de *Aruanda* (plano vibratório onde se reúnem as forças celestiais), que me dessem inspiração. Foi o que fiz. No dia seguinte, diante do altar de sua Casa de Caridade, pus-me à disposição dos Mestres, pela entrega do CORAÇÃO, da CABEÇA, das MÃOS, e pedi iluminação para extrair todo o conteúdo de BEM, BELEZA E VERDADE, contidos em tão marcante narrativa de vida. Voltei para casa e reiniciei a minha tarefa. A partir daí, as ideias começaram a fluir melhor e de uma maneira mais ordenada; assim, pude cumprir o compromisso de comentar esta obra, conforme me foi solicitado por seu elaborador: Pai Silvio Ferreira da Costa Mattos.

Uma das primeiras coisas que logo me vieram à mente foi a oportunidade de aproveitar para desmistificar a imagem que normalmente se faz a respeito dos Exus. Exu é uma denominação que se dá às entidades que vibram nos planos de maior densidade fluídica, ligadas às energias terrenas e espirituais, desde as inferiores até as ascendentes, nos limites que lhes são permitidos. Dividem-se em duas classes: a dos "Exus pagãos" e a dos "Exus batizados". Os primeiros fazem tudo aquilo que lhes é pedido, não importando se é um bem ou um mal. Realizam o trabalho solicitado desde que recebam o seu pagamento. Entretanto, os últimos, os Exus batizados ou "Exus de lei", não praticam mais o Mal e objetivam somente fazer o Bem. O esclarecimento torna-se importante, principalmente para aqueles que desconhecem essas entidades e aos que só as contataram superficialmente.

Por 28 anos, convivemos com o Exu das Sete Portas e passamos a admirá-lo. Ele, um viking com aproximadamente 2,30 metros de altura, olhos azuis muito esbugalhados, barba e cabelos em tom loiro avermelhado e em desalinho; apresenta-se com um capacete, porém sem chifres, porque, de acordo com suas próprias afirmações, "isso é um estereótipo, produto da imaginação dos pintores renascentistas". Esse Exu, um ser que, no princípio, se materializava para as pessoas causando espanto por sua figura descomunal, hoje, raramente o faz e, quando isso acontece, prefere aparecer na figura de um enorme beija-flor cor de terra. Na época, Sete Portas era um "Exu não batizado", não tinha nenhum compromisso com o Bem nem com o *Nazareno* (era assim que ele se referia a Jesus).

Nessas condições, na primeira manifestação de incorporação mediúnica conseguida por meio dos canais sensitivos do escritor desta obra, chegou com a intenção de matá-lo e de acabar com a missão que ele e o Caboclo Ubatuba traziam para a Terra: formar um foco de luz voltado à caridade, mas que ainda estava por nascer.

"Seu" Ubatuba, o caboclo protetor do médium em questão, ao perceber aquele ser, bastante xucro ainda, apossando-se da matéria de seu "aparelho interlocutor", pensou:

"Eu vou precisar, no futuro, de um Guardião para a proteção de esquerda quando a minha casa for aberta. Aquele que vai dar a segurança para o templo e para os meus futuros filhos. Aquele que vai lutar contra os ataques das forças do mal, impetrados por falanges de Exus não batizados e *quiumbas* – seres inferiores – (uma classe de espíritos que, por opção própria, permanece às margens da evolução)". Os Exus já esclarecidos atuam como uma espécie de sentinelas internas e externas, protegendo, a todo custo, os Centros de Umbanda bem-intencionados. Tais espíritos desfazem os trabalhos pesados quando envolvem coisas da matéria física densa. "Nestes casos, somente eles estão capacitados a descer até o baixo nível necessário para desmanchá-los." Eles têm essa facilidade por serem ainda bastante ligados ao mundo de energias mais carregadas. Por essa razão, suas atribuições são de vital importância para manutenção desses Núcleos Espirituais, pois as entidades, à medida que sobem na Luz, vão perdendo a possibilidade de agir diretamente na pesada matéria do mundo físico.

Por isso, já vislumbrando o futuro, o caboclo Ubatuba, em vez de procurar combatê-lo, resolveu envolvê-lo nas luzes do Amor de Deus, pedindo para que o sentimento puro trazido por Jesus penetrasse naquele coração endurecido e o fizesse compreender o que estava fazendo e o que sempre fizera em toda sua vida. Sem esmorecimento, "seu" Ubatuba manteve-se estendendo-lhe as mãos e projetando-lhe fluidos de docilidade, até que, por fim, viesse a aceitar a Luz oferecida.

Posteriormente, em uma *virada de banda* (termo usado para as engiras em que os Exus são evocados), o próprio Sete Portas contou-nos o que se passara em sua mente na ocasião da primeira incorporação obtida pela matéria do futuro dirigente da APEU:

"Por que eu vou matar este sujeito se ele nunca fez nada contra mim? Quem me mandou aqui é que precisa de um corretivo!" – E resolveu não fazer o serviço.

"Não me perguntem o que eu fiz com eles" – advertiu-nos. E nós nunca perguntamos.

Tinha sido a primeira vez que a voz da consciência conseguira se fazer ouvir por aquele ser.

Mais tarde, quando o templo do Caboclo Ubatuba foi fundado, ele passou a ser o Exu defensor e protetor de esquerda do terreiro.

Por algum tempo, Sete Portas continuou sendo um Exu não batizado que fumava charutos e bebia cachaça durante seus trabalhos. Nessa época, no início das sessões a ele dedicadas, como fruto da experiência até então obtida pelo dirigente material da instituição religiosa, era de praxe fazermos saudações a ele, virando-nos em direção à porta de entrada do terreiro, motivo pelo qual ficávamos de costas para o congá. Assim, transcorreram-se alguns meses. Em um sábado distante, dia em que, na ocasião, os trabalhos espirituais eram realizados, o "seu" Ubatuba estabeleceu a primeira mudança a ser inserida na conduta da liturgia que adotávamos:

"Eu não quero mais que os Exus sejam saudados dessa forma, mas que, ao fazê-lo, vocês se mantenham voltados para a imagem de Oxalá. Não permitirei que bebam, fumem, façam uso de sacrifícios de animais durante as sessões dedicadas aos Exus ou em qualquer outro tipo de engira que aconteça aqui nesta Casa, a qual consagrei a Deus (apesar de matanças jamais terem acontecido), ou que cobrem valores ou favores pela caridade que se propuserem a prestar (atitude que, todos nós, integrantes de suas correntes mediúnicas, também sempre repugnamos e combatemos, por serem contrárias aos nossos princípios éticos e de formação espiritual)". Ordens que são seguidas até hoje por todos os participantes, pelos Guias e inclusive pelos próprios *compadres* (Exus), que nela se manifestam em busca de evolução pelo envolvimento com a bondade.

A partir dessas mudanças, as sessões do Sete Portas passaram a transcorrer sempre de maneira leve, alegre e sem nenhum transtorno maior, apesar da realização de alguns trabalhos bastante sérios, levados a termo por ele mesmo, como chefe, por seus *capangueiros* (legionários) e também por outros guardiões que com ele atuam praticando o bem e reforçando a vigilância do Terreiro.

Algum tempo depois, Sete Portas chamou-me de lado e disse que queria me apresentar uma novidade. Munido de uma *pemba* (giz imantado com vibrações apropriadas, destinado à grafia de certos traçados que escondem diversos mistérios), riscou o seu ponto no chão, entretanto o fez com algumas modificações. Na ponta do *tridente* (o garfo de três pontas), havia uma estrela em cima de cada dente e do meio da haste do garfo saíam dois ramos que sustentavam dois triângulos com uma cruz sobre cada um deles – era o símbolo de um Exu de Lei. Os triângulos representavam a aceitação da Santíssima Trindade. As duas cruzes encimando-os indicavam tratar-se de um trabalhador do Cristo Jesus. Era um reconhecimento dado para o Exu que tinha abandonado a prática do mal e agora trabalhava para o Nazareno, trilhando somente pela Seara do Bem.

"Agora eu sou um Exu batizado!"– disse-me. E pude sentir um misto de alegria e orgulho em seu semblante ao expressar aquelas palavras. Entendi, naquele instante, que aquilo deveria significar muito para o meu especial amigo.

"Deixei de ser um Exu pagão."

Avisou-me que, daquela hora em diante, não praticaria mais nenhum mal. Doravante, só iria trabalhar em nome da caridade. Alertou também que não queria mais que cantássemos nenhum ponto que falasse de Exus trabalhando para o lado do mal, da negatividade ou que fizesse apologia às hostes infernais.

Sete Portas é bem consciente de sua situação atual, sabe que "a Natureza não dá saltos". Tem conhecimento de que, hoje, já não pertence aos setores das trevas absolutas e também já suplantou as faixas vibratórias atenuadas; agora, está vivendo em uma zona de aurora espiritual que antecede a claridade plena. "Devemos entender que diferentes leis imperam em cada uma dessas regiões." Assim como acontece com o nascer do dia, a luminosidade divina, gradativamente, desperta-nos a todos para as suas verdades, mostrando-nos os novos horizontes e os objetivos que devemos abraçar, e isso remove do espírito humano as "cracas" mais grosseiras. Ele sabe também que tem um longo caminho de prestação de serviço a percorrer. (Desta feita, os Exus de Lei, quando descobrem que já perderam muito tempo se envolvendo com a prática do mal, ficam ansiosos para reverter à situação e buscam alterá-la, entregando-se, ao máximo, à disposição dos serviços do Bem.)

Nestes 28 anos de convívio com tal Exu, pude testemunhar sua grande inclinação em praticar a Caridade. Ele descobriu que quanto mais trabalhasse pelo Bem, mais rápido poderia se livrar do restante de mal que ainda estivesse enraizado em seu espírito.

Temos acompanhado, sempre, seu esforço e sua boa vontade em servir a qualquer pessoa que o procure necessitando de ajuda, desde que relacionada a objetivos sérios, pois Sete Portas não se presta a atender leviandades. Nesses anos todos, ele sempre tem se mostrado desinteressado das coisas materiais.

Todos nós, tanto da *gira* (corrente mediúnica), quanto da assistência, por todo este tempo, pudemos presenciar centenas de trabalhos em muitos campos, principalmente na área da saúde, em que realizou inúmeras curas. Porém, ele sempre afirmou que não se tratava de "milagres" e sim da aplicação de conhecimentos e habilidades adquiridos nos muitos séculos em que esteve preso nos diversos níveis dos umbrais. Hoje, Sete Portas, esse ser que tem os pés no chão, coloca seus conhecimentos a serviço do Nazareno. Posso afirmar, com certeza, que não há nenhum membro da APEU – Associação de Pesquisas Espirituais Ubatuba –, Templo de Umbanda Branca do Caboclo Ubatuba, que ainda não tenha sido beneficiado por esse amigo Exu. Entre eles me incluo. E digo mais: não foram poucos os auxílios por mim recebidos por meio dessa entidade. Há de se notar que todos foram graciosos, sem ninguém ter de dar "nada" em troca, além de oração.

As sessões de esquerda para limpeza astral do terreiro, na APEU, ocorrem sempre na última sexta-feira de cada mês e são bastante frequentadas. Nelas, Sete Portas procura dar uma tônica de leveza, intercalando aos sérios ensinamentos o riso, as brincadeiras, as piadas e os apelidos (sem cunho pejorativo) dados por ele a cada um de nós, de modo a provocar boas gargalhadas. Tudo isso faz o ambiente ficar descontraído, alegre e sem constrangimentos. E Exu diz que adota essa técnica para estabelecer um clima de contentamento e, ao mesmo tempo, descarregar as pessoas e o local dos fluidos pesados. Afirma também que, quando alguém ri, além de melhorar a sua própria aura, ajuda a destruir os miasmas que se encontram no ambiente ao seu redor.

Sete Portas até "aconselha", de uma maneira brincalhona, que "todo aquele que não consegue rir, ou não tem motivos para isso, faça cócegas em si mesmo até que se dissipe seu mau humor e a alegria o contagie, permitindo-lhe fazê-lo".

"A semeadura é livre" e, geralmente, ocorre no período em que estamos na carne.

"Mas a colheita é obrigatória", e, para alguns, ela inicia quando se entra no reino dos desencarnados, com a vinda da chamada "morte". A partir daí, recebemos de volta em nosso corpo etéreo tudo o que plantamos em vida.

Como vimos, os Exus* que nos assistem diretamente nas engiras, na conotação da Umbanda que praticamos, classificada como "Linha Branca" vista sob a perspectiva dos ensinamentos do CABOCLO UBATUBA, não se equivalem aos entes conceituados de incorpóreos, ditos *Orixás* (divindades), que trazem a mesma denominação conforme mencionam outros

---

*N.E.: Sugerimos a leitura do *Livro de Exu – O Mistério Revelado*, e *Orixá Exu – Fundamentação do Mistério na Umbanda*, de Rubens Saraceni, Madras Editora.

segmentos, por se tratar de seres humanos que, enquanto estiveram na carne, viveram praticando todo o tipo de mal e, quando desencarnados, foram levados a lugares compatíveis com a sua densidade. Lá, esses seres se juntam a outros de mesma faixa espiritual (espíritos com os mesmos tipos de transgressões que, ao serem confinados em um espaço comum, dão início a um processo de lapidação mútua). Para grupos de almas rebeldes que sejam afins, esses locais funcionam como um "cadinho" ou uma "cuba" de purificação. O polimento é feito entre eles por "chumbo trocado", uns polindo as arestas dos outros e sendo polidos também, como acontece com as pedras no rio que se desgastam mutuamente.

Sabemos que existem vários lugares que abrigam outras classes de espíritos inferiores aos Exus pagãos, os *quiumbas*. São tão atrasados que não têm nem permissão de vir à Crosta Terrestre onde habitamos. (É uma Graça de Deus porque, se assim não fosse, a vida dos encarnados seria bem pior.) Entretanto, alguns não resistem e desrespeitam esses vetos quando são seduzidos pelas imperfeições humanas.

Acompanhando a narrativa do livro, vimos que Surgat Krone (o Exu das Sete Portas), enquanto viveu em um corpo carnal, espalhou muita maldade, seguindo a sua própria índole, e cometeu agravos para o seu espírito pelo modo de viver dos *vikings* (indivíduos que, inicialmente, sem as bases cristãs para refrear seus corações, eram "livres" para fazer o que quisessem e, assim, usavam da maneira mais errada o seu "livre-arbítrio", dom sagrado dado por Deus aos homens; agiam eles como se nunca tivessem de prestar contas a ninguém – terrível engano).

Viveu esse amigo, nascido entre os povos ditos "bárbaros", cultuando todos os hábitos guerreiros, próprios de sua raça. Acalentou na alma aspirações de ter muitas posses e de até, um dia, tornar-se rei de seu povo; mas o viking tanto infringiu as Leis do Pai, que a única coisa que conseguiu foi atrair para si mesmo um imenso carma de difícil remoção. Por onde passou, deixou um rastro de terror e destruição. Desta maneira, gastou, o dinamarquês, o seu período de semeadura.

Com o advento de sua "morte", Sete Portas ingressou na fase da "colheita do que plantou". Sem nenhum verdadeiro preparo para a nova vida, viu-se impotente em um lugar completamente inóspito.

Antes, um respeitado e temido capitão de um *drakkar* (barco de guerra viking), que nunca soube o que era uma derrota; agora, estava à mercê de um ser que se dizia "Recolhedor de Almas Condenadas".

"Se estou morto, onde estão as 'valquírias' para me receberem com as honras que mereço? Onde está o deus Odin? Aqui não é Valhalla?" – perguntou Sete Portas ao seu insolente interlocutor.

"Aqui não tem nada disso" – retrucou o recolhedor. "Estamos nos domínios do 'Maioral das Trevas' e ele quer vê-lo."

Naquele instante, Surgat Krone começou a compreender que estava "morto" e foi sentindo que tudo que ele aprendera em vida sobre como seria o outro lado de sua existência tinha sido uma grande mentira, agora sem nenhuma serventia.

O escandinavo não sabia, mas estava começando para ele uma longa e dolorosa peregrinação de aprendizado e de resgates nos umbrais do submundo espiritual.

Foi levado pelo "recolhedor", "julgado" por um simulacro de júri, condenado e sentenciado. Ficou preso em solitárias pelo tempo que lhe pareceu uma eternidade. Sofreu nas mãos de Basã, chefe dos seguranças do departamento. Serviu de cobaia humana viva para os cientistas do mal que inoculavam energias satânicas em seu corpo, deixando-o extenuado e sem forças. Eram energias necessárias para realizações dos males. Tudo isso lhe causava grande sofrimento.

Porém, sob uma leitura mais atenta, podemos pinçar muita coisa boa. E uma delas, observada, é que o auxílio de Deus se faz em todos os lugares. Até nos piores antros das trevas, o Pai mantém seus prepostos ou representantes. Mesmo ali, constatamos que aquilo que se faz desinteressadamente e com o coração limpo é visto e percebido por seres que trabalham para a Luz, os quais, disfarçadamente, tudo observam; percebemos que todo o bem, feito a qualquer irmão, sempre se reverte em proveito para quem o praticou.

Podemos constatar, no final do capítulo 19, que "o dinamarquês carregava mutilados nos ombros, limpava as feridas dos chagados e até cedia as suas vibrações vitais para os que se achavam mais enfraquecidos", sem reclamar ou se lastimar.

Já no capítulo 21, outra vez vemos Sete Portas praticando outra boa ação. Ao avistar um ser humano já carcomido sendo atacado por sanguessugas, escondeu-o para que não fosse encontrado e enviado, de novo, ao charco que a tudo dissolvia. Em seguida, com a aproximação de uma tempestade, arriscando sua própria segurança, voltou para carregar aquele condenado dos umbrais para um abrigo seguro. (Era um ato de pura caridade, um ato de amor perpetrado nas trevas por alguém também das trevas.) Depois, viu que se tratava de Gustav, um dos seus fiéis guerreiros, morto em combate. (Hoje Gustav também é um Exu batizado, o Exu do Lodo.)

Durante esses acontecimentos mais recentes, teve a chance de conhecer melhor um ex-rei sírio chamado Hazael, habitante de outro território vizinho, de nível superior ao que ele se encontrava, e que se fazia passar por um dos seguranças. Esse novo companheiro lhe fez uma proposta de trabalho que traria melhoria para as vidas, dele próprio e de seu amigo Gustav. A proposta foi aceita imediatamente. Entretanto, Surgat disse que necessitava acertar umas contas com um delator, acerto que ele tinha guardado em seu coração desde o dia em que fora julgado. (Aqui vemos a necessidade de se fazer a nossa reforma interior. As reformas são feitas na própria carne.) Pois, ao ser informado de que não seria possível executar a tão esperada desforra e, por outro lado, vendo a possibilidade de perder tão boa e singular oportunidade de sair de lá, estabeleceu-se um dilema que gerou uma intensa batalha em seu interior. Uma enorme frustração tomou conta de sua alma, produzindo um suor de ódio tão grande que verteu de sua pele em forma de gotículas sanguinolentas e se transformou em larvas mentais, as quais, posteriormente, caíram ao chão, onde os corvos famintos as devoraram. (A nosso ver, essa foi uma maneira que a natureza encontrou para desalojar parte do ódio mantido pelo desejo de vingança guardado em sua alma na esperança de realizar aquele intento infeliz. Por seus esforços, Krone permitiu, naquela hora, que o Bem saísse vencedor. E o viking pôde dar um passo à frente rumo à Luz.)

Por seus méritos pessoais, Sete Portas teve a honra e a responsabilidade de receber das mãos do Grão-Ministro de Aschtaroth, Hazael, a incumbência de ser o "Administrador da Colônia Escandinava". Essa era uma região destinada a receber as almas desencarnadas originárias daquela parte do mundo. Tais seres chegavam profundamente marcados em suas essências com seus hábitos e crenças locais, onde não havia lugar para a Luz do Cristo em seus corações. Tempos depois, já como Exu de Lei, mestre Calunguinha outorgou-lhe o reino de *Kárdio Amore* (Coração Amoroso), onde o céu e o mar são de tonalidades róseas, demonstrando que o ambiente é sustentado pela Luz Rosa do Amor. Logo à entrada, vê-se um marco que representa o seu ponto riscado, o símbolo que lhe foi auferido quando se tornou um Exu Batizado ou Coroado, o qual indica que ali funciona um centro de reabilitação espiritual a serviço da Doutrina Cristã.

Para melhor desempenho dessa função, o viking necessitará de nossa participação no envio para lá do puro Amor Róseo contido em nossos corações.

Assim, pudemos constatar que nada é estático no Universo. Tudo está constantemente em movimento, mudando a todo instante. Isso acontece tanto aqui no mundo físico como no espiritual. Verificamos que ocorre em todas as zonas de sofrimento. Não há nenhuma condenação que seja "eterna". Portanto, permanecemos confinados a um determinado lugar somente pelo tempo necessário para o expurgo de uma mácula específica. Depois, passamos para outro espaço mais condizente com o novo estado de alma atingido. O tempo de permanência em um local depende exclusivamente de nós.

Além disso, observemos que o conceito de tempo tem um valor muito relativo. Aqui no mundo físico, com os astros, calendários e vários outros instrumentos capazes de medi-lo, o tempo torna-se uma grandeza concreta, palpável e entendível por todos (um segundo, três minutos, dez anos, etc.). Mas lá onde não se têm astros, como o Sol e as estrelas, e ainda sem os calendários ou relógios para medi-lo, tudo fica reduzido às sensações do nosso interior; então, o tempo pode não ser o mesmo para todos.

Procuremos aproveitar a oportunidade para pensar e meditar "que esses acontecimentos envolvendo seres peregrinando pelos astrais do planeta não são casos isolados", parecem ser regra comum. Tirando as peculiaridades que são próprias de cada personagem, no geral, podem muito bem representar a caminhada de qualquer alma rumo à subida de retorno à luz. Podem, inclusive, ser semelhantes à nossa própria escalada.

Atentem para o seguinte provérbio: "Os inteligentes e sábios aprendem com os erros dos outros, os normais aprendem com seus próprios erros, e os idiotas não aprendem nem com a navalha na carne".

Os seres das trevas que comandam os mais variados "cadinhos ou (cubas) de purificação" das almas condenadas sabem que devem manter aqueles que estão em seu poder sempre sob grande pressão e terror. Estes dois estados de tensão fazem aflorar de seus corpos etéreos o ódio, o medo, o desejo de vingança, o sexo, que por sua vez produzem fluidos negros e pegajosos com os quais se alimentam. A absorção desses fluidos os mantém cada vez mais fortalecidos no mal.

Não podemos nos esquecer de que as trevas têm uma sociedade malévola muito bem organizada.

Para tanto, vejamos o que ocorre no capítulo 20 e observemos os preparativos para o "Culto Satânico" no qual acontece o pavoroso "Ritual da Missa Negra". Procure acompanhar a total distribuição e coordenação das tarefas dadas a cada um para obtenção de todo material deletério necessário. Observe que, quanto mais "importante" for um trabalho, maior também será o envolvimento "compulsório" de todos.

"Não devemos temer o mal, mas também não devemos enfrentá-lo sozinhos."

Os encarnados são ainda muito vulneráveis. Por isso, procuremos estar sempre resguardados pelas mãos de Deus, dos Orixás, dos Mestres ou

Arcanjos, dos Guias e dos Protetores Espirituais. (Lembre-se de que somos visíveis para eles e eles são invisíveis para nós. Isso lhes dá uma grande vantagem sobre qualquer um.)

As trevas são mantidas por suas próprias leis, que se impõem pela apreensão, pela força, pelo medo, pelas mais diversas formas de baixezas e pelos castigos arbitrários aplicados sem piedade.

Seus dirigentes evitam que os seres em seu poder dirijam o pensamento a Deus, pois eles sabem que, para se ligar com a Divina Providência, não há necessidade de palavras. Basta um simples ato de pensar e o contato já se torna estabelecido, depois é só abrir o coração para o Criador. (E isso eles não podem admitir.)

Ao contrário, a Luz é regida pelo BEM, pela BELEZA e pela VERDADE, em que o Amor, o Perdão, a Fraternidade e a Caridade são os seus carros-chefe.

Aqui na Terra, na melhor das hipóteses, os humanos passam dez minutos em oração ligados ao Pai, e 23 horas e 50 minutos ligados à "não Luz". Saiba que Deus é capaz de receber e agradecer por todo *flash* de pensamento, intenção ou desejo silencioso de Bem, quando lançado sobre qualquer pessoa, acontecimento e situação geral, em nível local ou planetário.

Olhe ao redor de si, dos familiares e em torno de toda a Terra, e veja quanto ainda é necessário se fazer.

Aprecie a narrativa contida no livro *A Trajetória de um Guardião Viking* e procure aprender com os mais de mil anos da história de vida de Surgat Krone ou **Exu das Sete Portas**.

*Francisco Paulo Rodrigues da Conceição*

# Capítulo 1

## As Origens

Alguns séculos antes do nascimento de Cristo, diversos povos de procedência germânica, pouco a pouco, iniciaram a ocupação das penínsulas e ilhas do norte da Europa, forçando a transferência dos habitantes finlandeses e lapônios que lá encontraram, para as regiões setentrionais, onde terminaram se fixando com os seus descendentes, na Finlândia e na Lapônia, situadas entre o golfo de Bótnia e o Oceano Ártico.

Os novos imigrantes, chamados escandinavos, do nome da província Escânia, estabeleceram-se na parte meridional do país que hoje representa o território da Suécia e se espalharam pela imensa Escandinávia, formada pelos domínios suecos, dinamarqueses e noruegueses.

Nessa época, julgavam que o arco-íris era uma ponte pela qual os deuses transitavam de carro a caminho de casa. Eles acreditavam que o ruído do trovão era provocado por Thor, um ente divino fortíssimo, que o causava ao bater nas nuvens o seu grande martelo – o *mijöllnir*.

Thor era filho de Odin (Woden), o mais poderoso de todos os deuses dos escandinavos, que se encarregava de recolher aqueles que morriam nos combates, levando-os para o seu enorme palácio, o Valhalla, onde, como prêmio, passariam a eternidade desfrutando de muitas regalias, em permanentes festins, e fazendo o que mais gostavam: comer, lutar, narrar histórias ou ouvi-las contadas por seus antecessores, além de ficar na companhia dos antigos heróis e beber no crânio de seus inimigos.

Por volta do século VII, os indivíduos dessas castas, intitulados *stenfsmior*, usando machados, plainas, cunhas e cinzéis, transformaram-se em inigualáveis armadores ao iniciar a construção de gigantescas frotas de embarcações em estilos variados, utilizando-se da madeira das árvores que selecionavam, cortavam e entalhavam para dar-lhes formas, sendo que, de modo geral, seus cascos eram feitos do mais resistente carvalho.

Havia barcos apropriados para a guerra, chamados *langskip*, para a pesca, para o comércio e para o transporte de cargas, com os quais puderam desafiar os mares tempestuosos e, por meio de técnicas diferenciadas de navegação, atingir a Islândia e a Groenlândia, criando, nesses territórios, muitas colônias agrícolas. Existiam também os botes denominados *Bart*, que eram as embarcações mais usadas na época, além de outros modelos como os *Knorr*, os *Hjortspring*, os *Nydam*, os *Kvalsund*, os *Oseberg*, os *Gokstad*, os *Drakkar* e os *Skudelev Wreck*. Tais elementos vieram a empreender contundentes ataques às costas do Mediterrâneo, promovendo incontáveis saques.

Em grandes bandos, investiram sobre a Europa Oriental, criando potenciais Estados, dentre os quais, futuramente, nasceria a Rússia. Esses nautas ainda se apoderaram do norte da França, onde fundaram o ducado da Normandia, e, em empreitadas heroicas, arriscaram-se com seus admiráveis navios em viagens pelas desconhecidas águas do Mar Cáspio, Mar Negro, Oceano Ártico e pelas extensões do Atlântico Norte.

Nessas jornadas, guerreavam com bravura e arrebatavam a prata, o ouro, a seda e todas as possíveis especiarias que viessem a encontrar no leste. Tomavam posse de objetos variados, inclusive do marfim de morsas e das peles raras oriundas do norte.

Os membros dessas violentas sociedades passaram a ser conhecidos como *vikings*, e, posteriormente, aqueles que os sucederam na estirpe receberam a denominação de *normandos*.

Foram três séculos de dominação viking, ocorrida entre os anos 800 e 1100, cujo período lhes permitiu devastar e atemorizar as costas da Europa Ocidental por meio de arrojadas incursões, de modo a obrigar os povos mais civilizados e convertidos ao Cristianismo, habitantes da França, da Itália, da Inglaterra, da Escócia, da Irlanda e da Espanha, levados pelo pavor da "barbárie" dessas ações, a orar suplicantes a Deus: *A furore Normannorum, libera-nos, Domine* ("Do furor dos normandos, livra-nos, Senhor").

Havia razões de sobra para justificar o medo, pois, em qualquer lugar em que os vikings desembarcassem objetivando essas invasões, incendiavam os povoados, matavam ou escravizavam seus moradores, roubavam tudo o que pudessem e carregavam os despojos dessas surpreendentes rapinas para os lugares onde moravam, ao redor dos *fjords* (fiordes – profundas e imensas depressões aquáticas existentes nos vales formados pelos sopés das montanhas), para os grandes aldeamentos de estruturas circulares erigidos ao longo das extensões das campinas ou para os agrupamentos menores, constituídos, algumas vezes, por espécies de palafitas erguidas dentro de certos lagos, cujas passarelas de acesso podiam recolher rapidamente em caso de um iminente perigo.

# Capítulo 2

## O Parto

Nesse cenário, e entre ferozes e insensíveis combatentes, despontou o audacioso e aterrador Surgat Krone, um gigante, cuja altura se aproximava aos 2,30 metros, de cabelos longos em tom louro avermelhado, entrelaçados e maltratados pela falta de asseio. O homem trazia o largo rosto encoberto por uma enorme e embaraçada barba arruivada, tão densa, que quase escondia o par de olhos esbugalhados, refletores de um forte tom azulado, janelas de uma alma despida do bom senso e da benevolência.

Filho de um artesão que confeccionava ferramentas, utensílios, móveis e armas, principalmente as espadas, Krone veio ao mundo, coincidentemente em um dia em que sua gente, radicada na região onde após muitos anos veio a se formar o ducado de *Schleswig* (Schlig), em terras dinamarquesas, comemorava os festejos dedicados a Freya (deusa do amor), irmã de Thor, de Bali e de Vali.

A euforia fazia-se presente em toda a imensa paisagem dos extraordinários, viçosos e verdejantes campos da planície. Os vikings atravessavam os meados do século IX, mais precisamente o ano 885, em que, depois de haver ocupado a Normandia, na França, atacaram Paris, utilizando 700 navios e 30 mil homens, obrigando o rei Carlos I, o Calvo, a pagar 3 mil quilos de prata para que levantassem o cerco à cidade; o rei Guthrum, depois de apossar-se de Wessex, no reino saxão, teve de devolvê-la após ter sido derrotado por Alfred, o Grande.

As mulheres da aldeia ocupavam-se com tarefas diversificadas. Umas cuidavam de adornar suas casas com arranjos de flores a fim de agradar a deusa. Outras lidavam com os alimentos, colocando-os, simetricamente, sobre uma longa mesa armada acima da relva, conforme determinava a tradição religiosa. As solteiras enfeitavam-se com luxuosos paramentos, buscando obter o mais atraente aspecto na expectativa de que a deusa Freya lhes encaminhasse algum príncipe encantado, tal qual ocorria nas lendárias histórias ouvidas em suas meninices; afinal, a divindade feminina detinha os poderes da sedução, da capacidade geradora, da dedicação absoluta entre os seres inteligentes, criando laços profundos de sentimentos de amor, e trazia em si o espírito da fertilidade e a ansiada faculdade maternal.

Donien estava às voltas com um enorme carneiro, posto para assar sobre o braseiro da grande fogueira, quando, repentinamente, percebeu o primeiro sinal de que lhe havia chegado o momento de dar à luz.

O célere processo do trabalho de parto obrigou-a a deixar os afazeres para, rapidamente, recolher-se ao leito de espera.

Adele, sua irmã, saiu apressada à procura de Waychman, o futuro pai, que, despreocupadamente, em companhia dos amigos, ajudava a compor a roda de curiosos ouvintes, formada em torno de Voinich, o *skáld* (escaldo – o poeta e narrador de sagas que enfatizava as aventuras de seus antepassados).

– Waychman! Waychman! – gritou a jovem, ainda a certa distância.

– O que foi, Adele? – perguntou-lhe o homem, ávido de entendimento.

Bastante assustada, a moça não conseguia encontrar palavras para iniciar o assunto, pois notara algo incomum naquela parição.

O ventre de Donien achava-se extremamente dilatado, deixando clara a ideia de que se tratava de uma criança com tamanho fora dos padrões normais.

É certo que entre os nórdicos, na maioria das vezes, os bebês nasciam vigorosos e bem desenvolvidos independentemente da classe social a que pertenciam seus pais, quer fossem os *thralls*, cativos encarregados das tarefas mais humilhantes, ou *karls*, grupo composto por escravos libertos, lavradores, pescadores, construtores de navios, marinheiros, pessoas dadas às artes, homens livres, entre os quais se destacavam os *boendr,* que eram os agricultores e proprietários de terras com maior poder aquisitivo, também chamados de *jarls*. Estes compunham a aristocracia ou, ainda, a categoria dos *bóndis*, nobres proprietários de terras representadas por latifundiários, ricos fazendeiros, donos de muitos escravos, homens abastados e poderosos, que não pagavam impostos a ninguém e lideravam os saques levados a termo durante os verões.

A situação da gestante requeria atenção especial. Seus gritos podiam ser ouvidos ao longe e refletiam o desespero que a dominara diante das dificuldades surgidas para que, pelos meios naturais, pudesse ser completado o nascimento.

Noercy, como parteira de todas as habitantes daquela comunidade, em um esforço ímpar, tentava ajudá-la, espalhando sobre a barriga da exausta parturiente um bálsamo, preparado com azeite de avelãs, que, em pequenos intervalos, era aquecido sobre uma lamparina até que o líquido estivesse morno.

Tal prática era antiquíssima. Utilizavam-na para proporcionar alívio às dores das mulheres grávidas, ajudando-as a relaxar as proeminências do abdome, a fim de evitar problemas de retração nos momentos de esforço.

Aflito em razão da expressão de pavor notada no semblante de Adele, Waychman, ao perceber que a jovem embargara a voz em virtude do estado de ansiedade, tomou-a pelos braços e agitou-a fortemente, fazendo com que se rompesse o caótico torpor que lhe sobreviera pelo testemunho dos fatos:

— Adele! Adele! — bradou Waychman, em visível preocupação, buscando ajustá-la ao campo da realidade, quando, com a voz soluçante, a moça suplicou:

— Depressa! Vamos para casa porque Donien está parindo. Noercy já está a ajudando em companhia de outras mulheres e, por tudo que pude observar, as coisas estão muito complicadas por lá! Parece-me que a criança tem um tamanho desproporcional ao limite de dilatação atingido pelo processo natural e, por isso, Donien não está conseguindo expulsá-la de suas entranhas.

Waychman não perdeu tempo. Em arfante correria, rumou para a sua moradia que, a essa altura, já se achava repleta de prestativas senhoras envoltas ao acontecimento.

No exterior da habitação, movimentava-se um ajuntamento de seus leais companheiros, que, tão logo ficaram a par da notícia, fizeram questão de deixar o ambiente das comemorações para lhe prestarem solidariedade, visando fortalecê-lo diante do crucial imprevisto.

Donien enfrentava um quadro de expectativas e incertezas. O nascituro entalara em meio ao intenso e prolongado movimento oscilatório das contrações.

Sem descansar, Noercy insistia na aplicação de massagens no intento de estimular a energia vital que poderia ajudá-la a transcender a penosa provação em que se achava embaraçada. Queimava odores, entoava mantras, orava e implorava pela intervenção de Freya. Tudo em vão! A deusa não respondia! Por maiores que fossem os apelos e as tentativas, o parto não evoluía.

Notadamente, de forma gradual, viam-se as forças e todos os possíveis recursos de que dispunham se esvaírem sem que Donien reagisse. Os batimentos cardíacos, em descompasso, eram cada vez mais lentos. Aos poucos iam se dissipando as últimas esperanças. As pessoas ali presentes, perplexas, impotentes e caladas, preparavam-se para o pior desfeche.

À sua frente, Donien passou a enxergar uma intensa luz, que a envolveu, proporcionando-lhe certo refrigério e uma deliciosa sensação de leveza. Nesse momento, a percepção do arrebatamento fez com que seu espírito se dispusesse a iniciar o desprendimento dos elos que o mantinham ligado ao mundo material.

Em um derradeiro esforço, mesmo conhecendo a morbidez que se assenhoreava de seu corpo e de sua alma, Donien lutou, desesperadamente, na tentativa de completar a paridela.

Exaurido o sonho, olhou no mais profundo da alma de Waychman e, na moribunda angústia da irreversível partida, balbuciou algo fitando entristecida seu ventre sem reação como se estivesse a clamar ao marido que ao menos tentasse salvar a criança para que pudesse morrer em paz. Donien não se fez ouvir, entretanto se fez compreender. Seus braços penderam flácidos sobre a cama. Lentamente, cerrou os olhos e... expirou.

Estupefato, Waychman respirou fundo, travou a garganta jogando-se em profundo silêncio e, debruçado sobre a esposa inerte, deixou que as lágrimas viessem à tona, explodindo de inconformidade.

Indignadas, as amigas de Donien prantearam em contestação:
– Digam que não é verdade! Que tudo é somente um pesadelo! Donien não está morta! Ela não pode morrer! Não agora, em um dia tão especial! – Hédera protestou contrariada, dirigindo-se embasbacada a Zuleima que se aproximava trazendo um tacho com água fervida.

Halina ressaltou:
– Quem sabe, neste momento, ela esteja sendo acolhida por Freya, para que lhe sejam revelados todos os miraculosos segredos do amor, principalmente os maternos e os espirituais, ou ainda, talvez a deusa esteja lhe concedendo o privilégio de transformar-se em uma bela *valquíria*[1] a serviço de Woden em seu palácio de mármore.

Por mais que tentassem justificar o dramático final reservado à dileta companheira, nada poderia modificar a dura e inalterável realidade que a todos se fazia conhecer.

Em um inesperado impulso, Waychman, entendendo que o olhar de Donien, antes de morrer, havia se traduzido em uma súplica para que ele livrasse a criança do mesmo destino ao qual se encaminhava, desembainhou sua afiada espada e, sem pestanejar, rasgou-lhe as vísceras, trazendo o fruto daquela gestação ao acolhimento da luz solar.

Diante da cena, as mulheres mais fracas, apavoradas, desmaiaram.

Aquelas que detinham maior domínio sobre a emotividade se prontificaram a cooperar no que fosse necessário e as demais, percebendo que não teriam a mínima condição psicológica de ajudar, rapidamente deixaram o local.

– É um menino! E ainda está vivo! Seja rápida Noercy. Corte o cordão umbilical, cuide de tirar-lhe as secreções e desobstrua-lhe as narinas – solicitou o pai, cheio de ansiedade e diligência.

---

1. Walkure (do alemão), Valkyrja (do escandinavo antigo), Walkyrie (do francês). Aquela que escolhe os mortos nos campos de batalha. Nas mitologias escandinava e germânica, cada uma das três guerreiras, mensageiras de Odin, deus da guerra e da sabedoria, que decidiam a sorte dos combates e escolhiam, no campo de luta, aqueles que deveriam morrer. Certas traduções as revelam como as bailarinas que divertiam os deuses. Outras as tinham como as amazonas vikings.

Noercy já havia se deparado com situações semelhantes, porém, não com tamanha gravidade a ponto de ver a gestante morrer. Isso jamais acontecera, nem nos casos em que constatara uma inversão intrauterina do feto, tendo de, com muita cautela, ajeitá-lo na posição correta para evitar complicações.

Essa era sua primeira experiência com um parto tão desastroso e, por isso, embora tivesse assumido a tarefa despreocupadamente, agora sentia ligeiro medo a causar-lhe angustiada impressão de impotência; contudo, não se deixou derrotar, indo adiante no cumprimento da gratificante missão de trazer à vida terrena os frutos destinados ao seu acolhimento.

Após os primeiros cuidados, soprou a cavidade bucal do recém-nascido, aplicou-lhe vigorosa massagem na região dos pulmões, depois lhe deu algumas palmadinhas nas nádegas e, em pouco tempo, já se pôde ouvir os berros do rebento estranhando a brisa e o ruído percebidos ao derredor.

Ofereceram-lhe os peitos de Svênia, amiga de Donien desde os tempos de infância, a qual, por sorte do destino, em dias recentes, havia parido uma linda menina, trazendo-os, por isso, fartamente lactantes.

– Pelo acentuado valor que agora o meu filho representa, vou chamá-lo de **Krone** (*krunol* – a coroa, o *danegeld*[2]) – disse Waychman –, ou melhor, **Surgat** (sirjá). Isso mesmo! Ele será conhecido pelo nome de SURGAT KRONE – *aquele que surgiu tão valoroso quanto o diadema de um rei*. Creio que Donien ficará contente e cuidarei para que, em sua memória, esta criança possa sobreviver e ser feliz.

---

2. O dinheiro dinamarquês (fruto dos resgates que exigiam para deixar uma cidade que tivessem sitiado ou tomado).

# Capítulo 3

## O Funeral de Donien

Em virtude do contratempo, Krauser, o líder do povoado, manifestou o desejo de cancelar as festividades que já se achavam em andamento, mas Waychman não concordou.

Para este, o triunfo de sua raça sobre os inimigos e o respeito aos deuses eram fatores que sobrepujavam quaisquer outros interesses ou sentimentos individuais. Nada justificaria o rompimento das seculares solenidades, ainda que fosse para que os de seu povo se mostrassem solidários à sua dor. As tradições deveriam ser mantidas a fim de que não se descaracterizassem antigos costumes ou raízes culturais.

Waychman fez ao comandante da aldeia saber:

– Apesar de não havermos recebido um sinal patente diante dos apelos dirigidos a Freya, sabemos que intercedeu por nós, visto que, diante da inevitável dor e do árduo sofrimento de Donien, a deusa poupou-me o filho, e isso já é motivo bastante para que a agradeçamos em reverência. Salve a amada deusa do amor!

Após se justificar, o homem volveu sua inquietação ao sepultamento da adorada e já saudosa esposa.

Como mero artesão, ainda que desfrutasse de grande prestígio junto aos *mecenas* (protetores das artes) e à população da sociedade viking, manufaturando produtos que lhe rendiam razoável lucro, não poderia oferecer a Donien um túmulo suntuoso conforme desejava, porque esses se destinavam somente aos *konungrs* (reis), aos ministros, às pessoas da nobreza e aos militares de renome no seio daquela civilização. Embora ela não fosse nada disso, Waychman não mediria esforços para que, como uma valente mulher e verdadeira heroína, Donien fosse lembrada, por meio de elogiosas palavras, que a ela dedicaria ao cerrar da lápide sob a qual seus restos mortais estariam guardados, para sempre, no honrado solo fértil dos *danis* (dinamarqueses), onde um dia nasceu. Orgulhoso, Waychman a cobriria de honrarias, assim como o fez Freya, ao concedê-la o dom e a capacidade de conceber um filho para o bem e a continuidade da grandiosa nação.

Na casa de Waychman, sobre o leito que intermediou a chegada de Donien aos céus, o vermelho do líquido da vida que ali deixou para que o menino existisse, como prova de amor e de ciosidade, manchava os lençóis e escorria pelo chão sublimando o odor característico que se assenhoreava de todo o ambiente.

Waychman a envolveu em finíssimo manto acetinado, bordado em alto-relevo, previamente umedecido em perfumadas essências e a levou nos braços até a carreta, toda esculpida por ele mesmo em madeira especial, a fim de ser conduzida ao destinado jazigo. Ao seu lado, pelo trajeto, seguiam alguns parentes e amigos mais próximos, ainda atordoados e inconsolados com o surpreendente acontecimento. Cabisbaixa, Adele caminhava lamentosa, em choro emudecido, a vagarosos passos, conduzindo sobre as mãos distendidas um pequeno estojo recoberto em veludo de tom alaranjado, onde se achavam contidos os brincos, os braceletes, os colares e as demais joias e ornamentos, confeccionados em ouro ou em prata, pertencentes à falecida, que com ela iriam para o sepulcro em obediência ao hábito da religiosidade dos seus, cuja crença lhes dava a certeza de que a finada deveria usá-los para ser bem recebida no reino celestial. Logo atrás, vinham vários membros da comunidade cantando melodias fúnebres e proferindo orações destinadas a preparar os caminhos para o encontro de Donien com os deuses de seu panteão. Entre essas pessoas estavam Helga, irmã mais velha de Waychman; Noemia, a irmã mais jovem do viúvo; Rudolf, o forjador e artífice que o ajudava na fundição dos metais a serem transformados em armamentos; Friedich, o padeiro; Hermann, o sacerdote; Voinich, o contador de histórias; Olaf, o *runista*[3] tradutor; Noercy; as inseparáveis primas de Donien: Ariane, Rebeca e Érica, além de muitas outras amigas da família, bem como o líder comunitário e todos os homens que compunham as forças militares da tribo. Formavam um cortejo de longa dimensão no qual também se incluíam diversas crianças levando nas mãos as mais belas flores colhidas nos campos, como Donien costumava fazer nas manhãs de sol, quando as recolhia para ornamentar o interior de seu lar.

---

3. Escritor das sagas que, mais tarde, passaram a ser divulgadas na forma literária, pois, anteriormente e por muitas gerações, só o fizeram oralmente e por meio dos escaldos.
Em termos de linguagem, o inglês moderno conserva resquícios da denominação viking. É o caso dos nomes dos dias da semana: *Wednesday* (quarta-feira) vem do viking, "dia de Woden"; ou ainda, *Thursday* (quinta-feira) era o "dia de Thor".

# Capítulo 4

## O Despertar das Vocações

À medida que o tempo passava, Helga cuidava do sobrinho que se desenvolvia rapidamente, fortalecido pelo aleitamento de Svênia; entretanto, não tardou para que a ama de leite visse rarear a sua capacidade lactante.

Diante da urgente necessidade de suprir-se a carência alimentar de Surgat, Waychman embrenhou-se pelos bosques à caça de uma rena selvagem com cria recente, da espécie *rangífer* (cervídeo abundante na região), cujo leite diziam possuir características semelhantes às humanas. Dessa forma, passou a ordenhá-la diariamente, retirando de suas fartas tetas o suficiente para socorrer ao insaciável e voraz apetite da volumosa criança.

O menino cresceu em meio às oficinas do pai, vendo-o trabalhar com esmero nas complexas artes às quais se dedicava. No entanto, não lhe herdou a mesma competência e habilidade para o ofício, preferindo, antes, ater-se ao manejo dos instrumentos, em especial os bélicos, do que ter de se dedicar ao exaustivo labor de sua fabricação.

Krone logo se destacou dos demais jovens da aldeia em que vivia, não por evidenciar uma superioridade intelectual, mas pela robustez de que foi dotado pelos caprichos da natureza.

Tal vantagem levou-o a ocupar, desde cedo, posições de liderança, seja nas brincadeiras lúdicas como lutas, corridas pelas estradas na tentativa de vencer os ventos ou nos mergulhos dados nos rios que corriam no fundo dos vales aos quais denominavam *talvegues*. Perdiam a disputa aqueles que, sentindo faltar o ar nos pulmões, vinham à superfície para respirar antes do término da contagem feita por um deles, escalado por duvidoso sorteio para esse fim, em cujo certame alguns meninos morriam, principalmente quando teimavam em querer vencê-lo no seu imbatível fôlego. Outros eram envergonhados pela pequenez das poucas tarefas para as quais os de sua faixa etária eram escalados, porque, ainda muito longe de alcançar a puberdade, ele já se dispunha a executar os trabalhos mais pesados como o corte de lenha e o transporte de grandes fardos de couro, de feno ou sacos de cereais para os galpões adequados. Krone gostava de fazê-lo, somente para pôr em prática suas qualidades presunçosas.

A disparidade era notória. O jovem tinha uma estrutura corpórea que lhe propiciava incomparável resistência física. O desgaste energético que aos demais levava à exaustão sequer chegava a abalá-lo, permitindo-lhe, com frequência, fazer-se vencedor à frente dos frágeis concorrentes, olhando-os sempre de cima para baixo, com fulminantes ares de ironia.

Surgat ainda tinha a primazia de conhecer, com detalhes, as técnicas de manuseio de quase todas as armas que Waychman, diante de seus anilados órgãos visuais, forjava, polia e testava, uma a uma, submetendo-as às hábeis e incomparáveis sensibilidade e destreza.

De vez em quando, impulsionado por uma natural rebeldia, metia-se em algum entrevero, ansioso para poder demonstrar o obstinado instinto guerreiro, que fez desenvolver dentro de si, inspirando-se nas narrativas sobre as sangrentas batalhas em que seu povo, em épocas passadas ou em tempos recentes, houvera se envolvido, sempre muito bem dissertadas pelo velho e eloquente Voinich que, insistentemente, as vinha repetindo a seguidas gerações.

Entre as marcantes odisseias ouvidas, despertava-lhe o interesse maior aquela ocorrida no século V, em que Odoacro, rei dos Godos, em um ato ousado, destronou Rômulo Augústulo, o último imperador romano, e apossou-se do governo em 476. Krone extasiava-se também com os feitos de Teodorico, rei dos Ostrogodos, (indivíduos do leste), que, com certo êxito, substituiu a Odoacro e tentou estabelecer uma fusão dos romanos com os bárbaros.

Esse foi o monarca que fomentou o progresso do país ao iniciar obras públicas de grande importância.

–Teodorico – contava o velho, cheio de ânimo – levantou edifícios, recuperou monumentos, construiu estradas, protegeu as artes e preocupou-se com a cultura em geral.

– Um dia haverei de ser rei! – Preconizou o crescido, porém ainda jovem Surgat, em alto tom, tão logo tomou conhecimento dessa narrativa, fazendo com que aqueles que rodeavam o idoso escaldo que se achava sentado sobre os degraus do grande templo dedicado a Thor, erigido no largo central, lhe voltassem a atenção, causando espanto ao interromper tão significativo relato, no exato momento em que o conto lhes despertava as maiores expectativas.

– São muitas as aventuras envolvendo os diversos povos bárbaros – continuou Voinich –, como aquela que ocorreu com certo monarca de origem viking, chamado Alarico, cujo reino se estabeleceu em território romano e que deixou expresso em documento, ao testemunho de alguns cortesãos, dos súditos e dos demais membros da nobreza, a manifesta vontade de, logo após sua morte, ter seu corpo sepultado no leito de um dos rios que atravessavam as extensões de seu poderio, fazendo-se acompanhar dos mais valiosos objetos, das armas e tudo o que possuía que revelasse sua força política, que fosse capaz de valorizá-lo perante o povo e de causar inveja a outros soberanos. Em uma demonstração de obediência e fidelidade, tão logo o fato se deu, fizeram, então, desviar o curso do rio principal que irrigava suas terras para que se desse cumprimento ao inusitado desejo. Serviu-lhe de esquife uma grandiosa embarcação, a qual abrigava, no amplo interior, uma espécie de urna, onde suas coisas foram colocadas. Tal barco, quando nas águas, tinha um calado muito curto e, em razão da facilidade oferecida para navegar também em lugares rasos, tornou-se o predileto do rei, daí haver sido indicado para abrigá-lo em sua viagem ao paraíso do deus Odin. Terminadas as cerimônias, trataram de fazer com que o caminho das águas fosse retomado, voltando à normalidade, de forma a reassumir o caminho do rio Tibre, para juntos, chegarem ao Mar Tirreno, ao sul do país. Com a ausência do soberano, os chefes do Império do Oriente, Átila e o imperador Justiniano, em acirrada luta, derrotaram os Ostrogodos, passando o controle dos domínios imperiais aos bizantinos.

Krone sonhava poder, um dia, assentar-se ao trono real, ainda que para isso fosse preciso usar a tirania e as atrocidades. Ele confiava em demasia na capacidade opressiva de que dispunha, apoiando-se na força bruta.

Tudo o que podia aprender chegava ao seu conhecimento por meio da informação oral. Jamais teria acesso às Letras, pois estas eram reservadas apenas aos sacerdotes, que as utilizavam para gravar fórmulas mágicas nas tumbas e nos amuletos. Eram chamadas de *runas*, no idioma viking igual a mistério. Para ele, isso pouco importava porque se espelhava nos contos lendários e sagazes, cujas histórias, ricas em incidentes, o deslumbravam, a exemplo das aventuras de Teodorico, a quem acreditava poder imitar.

## Capítulo 5

## A Índole de Krone

Aos 12 anos de idade, Surgat, movido por um repugnante instinto de perversidade, obrigou um menino francês, do tipo franzino, bem-vestido, bem-apessoado e bem-conceituado pelos demais de seu grupo de brincadeiras, chamado por todos de *petit garçon Jean* (pequeno menino Jean), a entrar em um tonel vazio apropriado para a estocagem de vinho, vedando, a seguir, o seu tampo, onde cravou enormes pregos impedindo-o de sair, para, posteriormente, rolá-lo morro abaixo até vê-lo espedaçar-se de encontro a uma enorme pedra que o bloqueou no caminho. Naturalmente, embora o desafortunado tenha escapado com vida, teve muitos ossos quebrados e nunca mais pôde andar. Krone justificou a atitude, alegando tratar-se de um membro de nação inimiga que, se mantido vivo, poderia oferecer perigo a todos os vikings da Dinamarca. Seu pai teve de enfrentar uma situação constrangedora, pois, há muito tempo, mantinha relações de amizade com a franca família Legrand à qual o garoto pertencia. Depois desse aborrecimento, Waychman impetrou regras de conduta mais enérgicas na tentativa de corrigi-lo, porém, apesar dos esforços empreendidos, sua personalidade não se modificou.

O desajustado pré-adolescente ficava fascinado ao assistir à aplicação dos castigos impostos aos criminosos ou delituosos de seu tempo, não por imaginar que serviriam como métodos educativos, pois, nem sobre si mesmo isso funcionava conforme as frequentes tentativas de seu genitor, mas porque o elemento ofendido, ao impô-los, podia empregar sua particular justiça do modo que achasse melhor, assim como já vinha agindo ele mesmo, desde muito cedo, quando fez despontar e ostentar suas tendências para as ações crudelíssimas, ao maltratar crianças e animais, sem nenhuma razão de ser, somente para se divertir.

O costumeiro procedimento, conhecido como *faida*,[4] permitia que o ofensor ou infrator se livrasse das penalizações, desde que pagasse uma

---

4. Da palavra germânica *Fehde*, que significa contenda, inimizade.

taxa que variava quanto maior fosse a posição social do ofendido. Essa compensação tinha o nome de *Wehrgeld*.[5]

As razões para a prática das punições partiam desde as situações mais banais, como o caso de um mero erro cometido por um padeiro que fizesse menos pão que o esperado com a farinha recebida, o que poderia redundar em motivo para condená-lo à morte, até as infrações mais graves, a exemplo de um ladrão que fosse apanhado em flagrante e que, se constatada a reincidência, imediatamente teria sua mão amputada em praça pública para servir de alerta aos demais habitantes da comunidade.

Algumas vezes, quando o acusado esperneava se dizendo inocente, submetiam-no à prova de veracidade jogando-o em uma tina cheia de água para observar o que iria acontecer e, se ele flutuasse, então seus protestos seriam aceitos; caso contrário, ninguém duvidaria de sua culpa. Esse método denominava-se *ordálio*. Aqueles que a ele eram submetidos, às vezes, tinham de carregar uma barra de ferro em brasa ou mergulhar a mão em água fervente, a qual, logo após, enfaixavam por três dias. Passado esse prazo, retiravam-se as ataduras e, se as queimaduras ainda não tivessem sarado, a condenação sumária seria mais do que certa.

Várias outras formas de execução ou provação de um transgressor eram aplicadas pela imaginação diabólica dos ofendidos. Podiam testá-lo por meio do afogamento, da sufocação no barro, da dilaceração na roda do *garroteamento* (tortura feita com um pau curto que apertava uma corda e estrangulava os condenados e que também servia para enforcá-los sem a utilização da suspensão do padecente), ou exterminá-lo por decapitação, enforcamento, envenenamento ou *empalação* (suplício que consistia em espetar o condenado em uma estaca, pelo ânus, deixando-o assim até morrer, cuja penalidade também se aplicava a crianças em julgamentos idênticos aos dos adultos). Cada um criava um jeito de fazer cumprir a sentença que determinava a seu bel-prazer. Essas maneiras de punir alguém tiveram raízes junto aos povos de origem germânica e, em pouco tempo, espalharam-se e transformaram-se em um costume pela Europa.

Outra saída para um acusado era a submissão ao julgamento da vontade de Deus – os rivais se enfrentavam em duelo, e o vencedor era considerado inocente. Ou ainda pela *compurgação,* em que uma pessoa, proprietária de terras, simbolicamente colocava a mão no fogo pelo acusado alegando sua inocência. Quanto mais terras tal defensor possuísse, maior seria a sua credibilidade ante o queixoso.

Certa ocasião, Krone foi visto puxando por uma corda um cavalo já meio velho e tentando retirá-lo do estábulo onde, sossegadamente, fazia o repasto em um cocho abarrotado de feno.

---

5. 2 Do germânico *Wehr*, defesa, e *Geld*, dinheiro.

– Aonde você vai com esse animal? – perguntou Gunther, o responsável pelas montarias.
– O quê? – questionou Surgat ao impacto da surpresa.
– Por que você o está amarrando e tentando o levar para fora da estrebaria? – inquiriu Gunther com expressão sisuda.
– Por nada! Estou apenas querendo fazê-lo exercitar-se em uma boa caminhada; afinal, há tempos que o vejo encostado movimentando somente a boca para comer, porque nem o seu relincho se escuta mais! – dissimulou.
– Deixe-o aí mesmo! Não se meta mais com o que não é da sua competência – ordenou.
– Mas eu só estava querendo ajudá-lo – retorquiu.
– Você está querendo complicar o meu trabalho? Ou ainda não sabe que, embora este animal já tenha vivido bastante e esteja cansado, é o cavalo predileto de Krauser, o nosso incomparável governante? – interrogou Gunther – Foi dele que partiu a ordem para que eu o mantivesse ocioso como uma espécie de compensação pelos serviços já prestados.

Apesar do tamanho avantajado de Krone e do acúmulo de músculos com os quais a natureza o dotara, o fiel tratador não se intimidou e partiu para cima dele, obrigando-o a soltá-lo. O rapaz abriu a cancela do cercado e desembestou a correr rumo a um matagal.

O zelador da cavalariça apanhou o animal e, muito nervoso, levou-o de volta à cocheira.

Gunther labutava naquela função desde os tempos de menino, quando ajudava seu saudoso tio Kreinz, que lhe ensinou tudo o que sabia sobre a ocupação, e não admitia que um jovem desocupado viesse interferir em suas obrigações, ainda mais quando se tratava de resguardar uma posse do admirável comandante, pela qual se fazia plenamente responsável.

Na verdade, Krone desejava levar o animal para a floresta e sacrificá-lo em oferenda a Thor – o deus da guerra –, visto que, em um dos contos discorridos por Voinich, ouviu falar que seus antepassados, em épocas imemoriáveis, valiam-se desse expediente para auferir força e valentia junto à divindade, presenteando-a sob gigantescos carvalhos sagrados, com a carne e o sangue de um portentoso corcel que já tivesse participado de algumas batalhas em defesa de seu povo.

O descomunal rapazola sonhava com o dia de, reconhecidamente, ser elevado à posição de guerreiro e, posteriormente, assumir-se como o maior de todos os reis da história dos vikings; por isso, desde cedo, passou a alimentar certa preocupação em estar preparado para as provas a serem impostas pelos chefes de bandos que, de tempo em tempo, se reuniam para pôr em prática os saques planejados, levando-os a termo nas vilas e logradouros em que promoviam as invasões.

# Capítulo 6

## A Missão

No envolvimento com o despudor, a ousadia, a indiferença e a arrogância, sem que se apercebessem, os anos se passaram, transformando Surgat em um homem de acentuadas desproporções físicas, moldado em impressionante e assustadora imagem, a exemplo de Golias, o gigante filisteu, procedente de Gate. Este, depois de lançar desdenhoso desafio ao pequenino Davi, chamando-o para uma decisiva luta sob a promessa de destruí-lo e entregar suas carnes às aves e às bestas-feras do campo, foi por ele ferido na testa ao receber certeira pedrada arremessada com uma arma chamada funda, trazida em seu alforje, fazendo-o tombar ao chão, de modo que o jovem compelido lhe tomasse a espada e o matasse, cortando-lhe, a seguir, a cabeça, levada como troféu e exibida em Jerusalém, conforme registram os Livros Sagrados do Velho Testamento.

Por esses tempos, Krone já liderava um bando de pretensos guerreiros, fortes e destemidos, rapazes combativos que constituíam a linha de frente dos exércitos bárbaros e promoviam impetuosas usurpações e despojamentos às terras habitadas por aqueles que consideravam inimigos.

Não havia necessidade de um motivo justo para que tal fato acontecesse, bastando, simplesmente, o forte desejo de poder, glória, riqueza ou posição social a incitá-los, para que se arrojassem sobre a posse dos bens alheios ou do subjugo de suas vítimas, fazendo com elas o que bem entendessem.

Em uma dessas investidas, discutiu com um rico proprietário de imensas lavras de trigo e centeio, um polonês chamado Aníbal, criador de cavalos e caprinos, homem avaro, sarcástico e cruel com os pobres camponeses que viviam em seus domínios, aos quais pagava muito mal e os quais oprimia por todos os meios possíveis, obrigando-os ao trabalho excessivo em troca de migalhas. Surgat, ao tomar conhecimento de que o abastado aproveitador, além de tudo, era um enganador interesseiro, pois auferia grandes lucros negociando, ao mesmo tempo e de maneira comum, com exércitos inimigos, chamou-o para uma luta, em que as armas seriam os machados de guerra aos quais os vikings denominavam *franquisques*. Aníbal esquivou-se e ordenou aos seus servos que atacassem

Krone, assim como aos seus acompanhantes, fazendo uso das ferramentas agrícolas de que dispunham no momento, paus e facões, em odiosa agressividade.

Antes de os servos obedecerem às ordens do trapaceiro explorador, Krone, esquecendo-se de que os reis vikings repreendiam severamente aqueles que lutavam com as próprias mãos e não com as espadas, lanças ou machados, segundo as tradições impostas pelos deuses Woden (Odin) e Thor, agarrou-o pelas vestes, ergueu-o do chão e, chamando-o de covarde e por outras palavras ofensivas, deu-lhe um murro no rosto com tamanha violência que sua cabeça foi arrancada do corpo, sendo arremessada a uma considerável distância.

Em razão do ocorrido, os camponeses, apavorados, em patética cena, depuseram as armas e, ajoelhados, clamaram pela misericórdia do chefe dinamarquês.

Krone tomou-lhes todo o armamento, as ferramentas, as provisões e, conservando a natural insensibilidade, ateou fogo nas casas e nos celeiros depois de esvaziados e partiu rumo à sua temida embarcação com sua corja, deixando para trás a miséria e a desgraça humana, desesperada em meio ao abrasador panorama.

A vitória obtida sobre o abastado polaco, habitante da orla do mar Báltico junto à fronteira com a Germânia, nas proximidades do rio Oder, do qual tomou os melhores animais e grãos estocados, fê-lo imaginar-se um futuro rei, tal qual aconteceu com Teodorico, segundo as narrativas ouvidas e ainda presentes em sua mente, desde a meninice, em apreensiva e convincente elucidação discorrida pelo escaldo da tribo que, a essa altura, já se achava contando-as, no gozo do Valhalla em pomposas celebrações.

Ao aportar de volta à Dinamarca, já muito distante da eslava nação indo-europeia assaltada, os valentes remadores vikings transferiram toda a carga do *drakkar* para os carroções, abarrotando-os de objetos e víveres, com os quais foram recebidos no aldeamento sob intensa aclamação. Atrás das carretas vinham os bichos, atrelados, um a um, ladeados pelos guerreiros.

– Viva Krone! – gritava entusiasmado alguém que se achava em meio à multidão.

– Viva! – respondiam a cada instigação, em brados fortes e contagiados pela alegria, os habitantes da tribo de raízes escânias, em que Krauser, já com idade avançada e com o corpo alquebrado, ainda ocupava o cargo de liderança; se não mais pelo estereótipo de valente e imbatível guerreiro, fazia-o pelo que simbolizava por sua invejável sabedoria, tino aguçado e larga experiência acumulada no decorrer dos anos nos quais, com bom êxito, vinha comandando a ação e os objetivos de toda aquela gente.

As diversas sequelas resultantes dos ferimentos causados durante os inúmeros combates em que tomara partido no passado fizeram-no perder a natural mobilidade, obrigando-o a caminhar apoiado na rigidez de um cajado. Entre elas, destacava-se o rompimento do tendão, perfurado por certeira flecha, lançada por um hábil arqueiro que se achava oculto atrás das muralhas de um antigo castelo existente em um condado francês, invadido apressadamente, com numerosa e aguerrida tropa, em busca de apropriações.

O Grande Guia, como amigo de Waychman, o artífice que agora se achava inativo por causa de uma irrecuperável cegueira causada pela excessiva exposição de seus olhos ao forte calor das fornalhas onde fundia os metais para a produção de artefatos artísticos, tendo acompanhado o desenvolvimento de Krone desde o nascimento, vendo-o crescer vigoroso e com fácil adaptação aos mais intricados serviços, nos quais a força bruta era necessária, detentor de incomparável destemor e adequada capacidade ao manejar quaisquer armas vikings, nomeou-o para o comando da empreitada, da qual, com a sua admiração, retornava, trazendo os louros do triunfo.

Uma intensa agitação formou-se ao redor dos tripulantes do enorme navio que lhes trazia a sobrevivência em momento preciso, pois, com as constantes invasões e ocupações dinamarquesas nos mares e terras de domínio anglo-saxão, onde os homens se comunicavam por meio de um idioma constituído de palavras formadas por uma mistura entre o kentiano, o nortúmbrio e o mércio, viram-se desfalcados de braços para cuidar do plantio e das criações, redundando na carência de alimentos e, consequentemente, no surgimento de alguns fatais desajustes.

Montado em um dos cavalos que tomou de Aníbal, Krone seguia à frente do grupo, conservando um ar circunspecto no rosto sujo e com aspecto de cansaço, no intento de causar a todos uma imperiosa impressão que o fizesse ser visto como magnânimo salvador do povo.

Intimamente, Krone sentia uma imensa vontade de desmanchar em sorrisos aquela expressão mantida, típica dos audazes e vencedores reis ao retornarem das guerras ou frentes de batalha, conforme os relatos das antigas sagas de Voinich, porém aquela era uma oportunidade que não queria perder. Talvez o princípio da realização de um amadurecido desejo, instigado pela ideia fixa de assemelhar-se ao conquistador da civilização romana que, substituindo Odoacro, imperou sobre o decadente "Coração do Mundo".

As mulheres e as crianças, a passos acelerados, procuravam manter-se ao lado do belo animal e, entre risos e falatórios, estendiam suas mãos ao herói, querendo tocá-lo, como se fora o próprio regente de toda a bárbara nação.

A casa de Krauser fora construída em toras harmonicamente alinhadas, com portais imensos onde se achavam entalhadas as figuras representativas das extraordinárias aventuras de intrépidos navegantes com suas embarcações movidas à vela e também a remo, trazendo horrendas carrancas na proa para espantar os maus espíritos. Diante dessa habitação com telhados altos e bem inclinados para fazer descer a neve nos rigorosos invernos e na qual o condutor daquela sociedade vivia em companhia da esposa, das concubinas, dos filhos e dos servos, tendo também um anexo onde abrigava os escravos, Surgat parou, desmontou e, com sua pesada espada erguida à frente do rosto, saudou Thor e Odin à frente do velho comandante, entregando-lhe todo o fruto da subtração obtida na missão, a fim de ser repartido entre todos, de forma a saciar suas necessidades de maior urgência.

## Capítulo 7

## A Estratégia

Com o advento da rapina na Polônia, Krone assumiu o lugar-tenente de Krauser e obteve muitas regalias.

Desde então, passou a agir livremente, fundamentado na autonomia auferida pelo líder-mor, o que lhe possibilitou decidir onde e quando atacar os povos considerados adversos, para reverter o produto das usurpações em prol da comunidade, do qual lhe cabia um adicional no momento da partilha. Essa liberdade de ação lhe permitiu intensificar as investidas, animado por seu espírito perverso, levando sua agressividade às últimas consequências ao dominar e arrasar vilas ou pessoas, elegendo-as inimigas, à revelia de sua gente.

O líder da tribo viking teve uma prole de dez descendentes; o primeiro, com sua esposa Olimeri, e os demais, frutos do relacionamento mantido com as três mulheres que lhe geraram oito filhas e apenas um varão. O mais velho, ou primogênito, já havia morrido em combate nas lutas pela posse da Inglaterra, a Terra dos Anglos, chamada de *Angleland,* e o outro vivia em sua companhia, porém se preocupava quase exclusivamente com as atividades internas da casa, junto aos serviçais, não demonstrando nenhuma afeição às situações ligadas aos embates humanos. Por ter sido o último da linhagem, fora superprotegido por suas irmãs, o que acabou influenciando-o tanto nos gostos como nas atitudes, daí a razão da escolha do truculento Krone à frente das resoluções.

Malgrado saqueasse em benefício da coletividade de sua raça, o chefe interino estimulou em si a ambição pelas posses e pelo poder, o que o fez deixar seguidamente a Dinamarca para ir atrás da riqueza alheia, amontoando-a em grandes baús quando se tratava do ouro, da prata, dos braceletes, dos cordões, das pulseiras e dos broches incrustados de pérolas ou pedras valiosas usadas para adornar, com muita elegância, as damas da alta burguesia, assim como as que faziam parte da vida palaciana.

Tudo o que se revelasse em vantagem era salteado, inclusive os raríssimos tecidos em seda de procedência asiática, cujos donos os adquiriam por vultosas fortunas, visto serem dignos de um manto real ou das imponentes vestes usadas pelos membros da Igreja Católica; portanto, representativas do alto poder econômico e do destaque social. Até ferramentas, trenós, carros de tração animal, barcos, todo tipo de laticínios, pão, pescado, vinho e lã tosada de ovelhas especiais usada na urdidura e tecedura das finas indumentárias que lhes serviam de agasalhos nos rigorosos invernos que, impiedosamente, se precipitavam, todos os anos, cobrindo o norte europeu. Enfim, pouca coisa era desprezada pelo voraz bando obediente às suas ordens.

De aventura em aventura, Krone foi juntando um significativo tesouro.

O homem almejava ser rei a todo custo, nem que para isso tivesse de cometer as piores atrocidades e enfrentar os ditames do *Thing* (Assembleia periódica – Parlamento primitivo que elaborava leis e julgava os crimes).

Ele sabia que, para se assentar ao trono real, além da bravura, da inteligência e da mais qualificada assessoria, necessitaria avolumar-se em riquezas, conhecimentos e poder; por isso, a cada assalto que promovia, sua avidez parecia multiplicar-se e levava-o a querer mais e mais, em uma ilimitada e incontida atitude.

Certa feita, Krone planejou uma nova e temerária viagem.

Dessa vez navegaria no sentido oposto. Rumaria pelo Mar do Norte, passando através do Canal da Mancha com destino ao Atlântico em direção às vilas que se aglomeravam ao redor de Bordeaux, no sul da França, entrando com sua denodada embarcação pela Baía de Biscaia, por onde também desejava penetrar em terras espanholas.

Alguém lhe havia dito que aquelas localidades abrigavam muitos mosteiros, igrejas e castelos medievais que permaneciam ainda intocados pelos povos bárbaros, tanto os de seu próprio país, quanto os da Suécia ou da Noruega. Assim, excitado pela impaciente aspiração em atacá-los, mandou um mensageiro de pés velozes chamar por seus imediatos Heinz e Werther que se achavam no ancoradouro.

Heinz era o chefe das milícias, incumbido de promover as tomadas dos povoados com seu exército muito bem treinado e de executar os aprisionamentos dos reféns que seriam transformados em escravos ou negociados em um sistema de trocas por outras vantagens. Também respondia pelos arrombamentos dos celeiros, dos prédios públicos e das moradias, bem como pela apropriação de todos os bens possíveis encontrados com as populações locais. Era Heinz quem controlava o tempo exato de cada ataque e das rápidas atuações que lhes permitiam a fuga antes que seus oponentes pudessem estabelecer qualquer resistência.

Werther comandava os remadores e os demais tripulantes das embarcações, pelos quais era tido como personagem-modelo. Todos o respeitavam e acatavam suas determinações em confiante disciplina. A cada gesto do veterano navegador, respondiam com movimentos precisos aos impulsionamentos dos instrumentos, responsáveis pela propulsão e pelo governo dessas embarcações cujos longos cabos atravessavam as aberturas em fendas por onde podiam recolhê-los quando necessário.

Os vikings não usavam os tambores de marcação para obter o sincronismo das remadas quando se aproximavam dos lugares que pretendiam invadir. Assim agindo, chegavam em silêncio, sem denúnciar sua presença, para surpreendê-los com suas transgressões, deixando para fazê-lo somente ao atingirem as distâncias que consideravam seguras, ao largo da costa marítima, ocasião em que os gestos de comando do mestre de coordenação se harmonizavam com os movimentos cadenciados de seus companheiros, causando um ruído combinado, provocado pelas intensas batidas dos remos, no encontro com as águas.

O domínio da marinhagem provinha da ampla experiência obtida por Werther nas muitas atividades comerciais ou bélicas das quais já havia participado a serviço de seu povo. Ele conhecia bem todo o trajeto por onde navegava, por isso se esgueirava dos bancos de corais e de areia agilmente, bem como das correntes contrárias, com desmedida coragem e primor. Foram incontáveis as vezes em que o perigo o desafiou, tendo de enfrentar decorrências inimagináveis, impeditivas de seu arrojo, pelas quais, muitas vezes, acabou jogado às violentas tempestades cobertas pelos nevoeiros, sob raios e lampejos, sem visão da Lua, das estrelas ou de qualquer outro astro e assistiu à dissipação das velas de seu barco, batidas pelo furor impetuoso de horripilantes ventanias.

Não tardou para que ambos se apresentassem ao notável Chefe:

– Que Thor esteja contigo! – chegaram prestando a costumeira saudação ao mesmo tempo em que tocavam o punho direito fechado sobre seus bem dimensionados peitos, na região do coração.

– E a sua coragem e irresistível força jamais me faltem! – completou Krone, expressando o mesmo gesto, para, logo a seguir, bater levemente em seus ombros, em uma atitude cujo significado se traduzia no fato de que, doravante, poderiam ficar à vontade, dispensando às formalidades. – Mandei chamá-los porque quero que preparem nossos homens para uma nova jornada, que tenciono empreender dentro de, no máximo, dois dias.

– E qual é a finalidade dessa tão apressada viagem? – perguntou Heinz, com os olhos fixos no Líder, depois de perceber que ele falava dominado por certa ansiedade.

– Não há tempo a perder! – observou. – Chegou ao meu conhecimento que ao sul da França e ao norte da Espanha, nos povoados mais próximos aos limites das duas nações, muitas riquezas se encontram escondidas nos templos, nos castelos e nos mosteiros cristãos. Sabe-se que permanecem intactas, longe da ciência dos demais salteadores, o que nos leva a concluir que estão à nossa espera para serem despojadas. Por isso, não vamos ficar parados, senão, quando chegarmos, talvez outros já tenham tomado a dianteira, não restando mais do que nos apoderarmos. Preciso que vocês selecionem os melhores para essa missão. Nada de voluntários munidos de espadas velhas e ferrugentas. Dêem-lhes as armas de primeira e todo material necessário para enfrentarem possíveis combates de emboscada, uma vez que não temos certeza do que vamos encontrar pelo caminho. É indispensável que estejamos prevenidos para lutar contra as corjas que ficam à espreita suprindo seus interesses por meio das posses já sequestradas por outras legiões, como o fazem os cães ao se debaterem por um velho osso que tenha sobrado de uma carniça.

– E quanto a mim, quais são as ordens? – interrogou Werther.

– Separe os mais fortes e experientes marujos da aldeia. Iremos em um único barco, o *drakkar* de minha preferência, pois pretendo agir com toda rapidez, e são muitos os abrigos católicos ou feudais a serem pilhados naquelas bandas, alguns até localizados em montanhas, afastados da orla, por isso vamos zarpar e navegar em velocidade máxima frequente – explicou.

– A toda vela? – indagou o heroico capitão-do-mar.

– Sim! – afirmou o chefe da missão viking – E também com o auxílio dos remos. Esse é o barco ideal para desempenharmos, satisfatoriamente, a incumbência, pois possui leme a estibordo na ré, o que facilita todas as manobras, inclusive para a frente e para trás. Na parte frontal da nave, peço-lhe que coloque um bom observador, bem aos pés do *dragão* (carranca entalhada em madeira que os vikings colocavam na proa do *drakkar* para afastar os maus espíritos e assustar seus inimigos), com desenvoltura bastante para detectar toda e qualquer embarcação que se encontre a algumas milhas de nós, reconhecendo-as pelo formato de suas velas, e que não se deixe enganar pela reflexão das águas, em ilusionísticas miragens, conduzindo-nos para fora do campo visual da costa, tampouco se extasie pela suavidade do canto das sereias, levando-nos em direção aos *icebergs* (gigantescos blocos de gelo), que flutuam sem rumo nos mares que iremos atravessar.

– Algo mais, amigo? – questionou Heinz.

– Arranje alguns combatentes que sejam bem altos – orientou –, pois vamos usá-los para causar pavor nos religiosos. Sobre suas cabeças, encaixaremos outras cabeças, de animais, para que pareçam ainda maiores do que são, como faziam os nossos ancestrais, à beira do rio Reno, quando punham para correr, aterrorizados, os exércitos dos césares ou de outros imperadores. Os clérigos hão de pensar que somos membros de hostes demoníacas, e nos divertiremos vendo-os borrar os calções.

Apesar do instinto belicoso, do sangue-frio e da total apatia inata de Krone, o guerreiro conseguia, diante de determinadas situações, rir debochadamente, deixando extravasar o seu sentimento irônico, em um desprezível despudor alimentado desde os tempos de criança.

O líder dos bárbaros detestava os religiosos chamados *cenobitas*, que viviam na solidão em total vida contemplativa como se, covardemente, estivessem fugindo do convívio social, e odiava o poder político revelado pela Igreja.

Ele sabia que, no interior das imponentes abadias, reuniam-se os dominadores das Letras e os grandes filósofos, com a finalidade principal de arquitetar planos de convertimento de normandos à fé que apregoavam, transformando-os, posteriormente, em aliados de regentes, detentores de títulos, auferidos arbitrariamente por convenções humanas que lhes concediam poderes absolutos, sem limite algum, exercendo, de fato e de direito, os atributos da tirana soberania. Para Krone, todos os chefes vikings convertidos ao Cristianismo deviam ser vistos como traidores de seus deuses.

– Esses covardes abdicaram do gozo do Valhalla e do encontro com os nossos predecessores, em nome das promessas feitas por um tal JESUS DE NAZARÉ, que dizem ser o Filho do Altíssimo, como se alguém pudesse destronar o venerável Odin, ou vencer Thor em alguma batalha de força e poder – praguejava cheio de furiosidade.

Surgat já havia presenciado diversas mudanças, classificadas, no seu entendimento, como contaminadoras da cultura e da fé de seu povo.

Inconformado, fazia crescer no âmago um sentimento de revolta contra os disseminadores da nova doutrina. Por várias vezes lançou desafios ao PREGADOR DAS BOAS NOVAS, sem entender por que não reagia. Krone achava que todos os deuses se iravam e que o tal CRISTO também deveria se irritar com suas provocações, dando-lhe uma demonstração de poderio e fazendo descer sobre a Terra o fogo do castigo, conforme lhe haviam ensinado a respeito de Thor, o filho de Woden, a quem não ousava afrontar. Fora educado para impor-se pela força, pois, antes de crer em qualquer deus, um viking verdadeiro deveria crer em sua própria competência agressiva e em seus próprios valores.

Nunca ouvira falar em perdão ou amor ao próximo, portanto, jamais se curvaria diante de um deus despojado de um cavalo, de um reino e de uma espada para lutar, nem desejaria seguir os passos de alguém sem bravura, sem sagas que relatassem seus atos heroicos. Jamais se deixaria levar por um rei sem castelo, andrajo das areias e de pés descalços. Como uma epidemia, via o surgimento das novas alianças, levando, inclusive, diversos nobres incompetentes à composição do Conselho Real, em um joguete de interesses escusos, em que arrolavam indivíduos da sua etnia com os de outras procedências, conduzidos por rédeas de corporações sacerdotais.

Tudo isso o motivava a promover a devassa aos mosteiros e templos e, antes que aqueles que o obedeciam também se debandassem para os lados do chamado APASCENTADOR, iria colocar em ação todos os seus planos com destemida rapidez.

A saliência de seus olhos acentuava-se ao pensar que muitas batalhas ainda viriam antes que pudesse fundamentar suas aspirações de um dia vir a tornar-se um soberano entre os seus.

# Capítulo 8

## A Revolta de Thor

Os primeiros lampejos da aurora acendiam-se e elevavam-se no horizonte ao mesmo tempo em que, gradativamente, o mar principiava um fascinante espetáculo de transfiguração. O nascer do sol dissipava a escuridão que o cobria, fazendo surgir, aos olhos do mundo, um extraordinário espelho refletor da luz e do azul celestial representado pelo lusco-fusco das águas inconstantes, anunciando um novo dia. A brisa soprava em direção à areia, empurrando as ondas que cumprimentavam a praia em um delicado vaivém, delimitado por alternâncias em que ambos se permitiam chegar.

De vez em quando, algumas brancas placas de gelo, fragmentadas durante a longa e desgarrada viagem glacial, onde já se via o principiar do anual período do sol noturno (comum na região), como frágeis barquinhos de papel, iam assentar-se nas areias, depois de vencidas e atiradas, sem resistência, partindo-se ainda mais, no desigual confronto com a força da arrebentação, para, finalmente, se desmancharem e se refazerem na sua líquida forma original, desaparecendo sorvidas pelas finas partículas do branco areal, elo natural entre a vasta extensão oceânica e os bordos continentais.

O tombar das ondas espumantes, em uníssono rumor, ecoava em um alinhamento sequente, acompanhado pelos afoitos olhares das gaivotas-rapineiras, migradas de terras ainda desconhecidas dos vikings. Elas vinham para se reproduzir nos altos penhascos margeadores da paisagem em que se achavam dispostas incontáveis reentrâncias, que lhes serviam de abrigo e de plataforma, das quais saltavam sobre as correntes de ar exibindo suas cores parda e branca ou, por vezes, inteiramente pardas, com manchas brancas nas asas, contrastando com as duplas e alongadas caudas. Em voo, ora rasante, ora resvalando sobre os borbulhos, com os bicos entreabertos à procura de alimentos, içavam-se em harmônicos bandos cantantes, descrevendo graciosos ziguezagues, como se estivessem a alinhavar o tombar inquieto das tranquilas ondulações matinais.

Em contradição à docilidade do encantador panorama, rompia-se a uniformidade pelo intenso barulho causado por escravos e por outros habitantes do aldeamento, em intensa grita, a açoitar fortíssimos cavalos que, como eles, se ligavam por grossas e resistentes cordas ao estreito e alongado barco de fundo chato e ponta aguda, fazendo-o rolar por sobre diversos troncos, dispostos em paralelo, em um ardoroso arrasto para colocá-lo em ponto de flutuação.

Ali eclodia a semente de uma ansiada aventura a ser estabelecida nos confins do extremo franco-ibérico.

Krone observava de perto a agitação decorrente de seus planos, ao mesmo tempo em que, com pericial conhecimento, verificava o armamento providenciado por Heinz para ser distribuído entre seus destemidos guerreiros e dava uma apurada conferida no fio de seu espadão, o qual, por diversas vezes, já havia sido manchado pelo sangue inimigo.

– Depressa com isso, homens! – advertia Werther aos gritos, dirigindo-se aos marujos. – Quero mais agilidade, pessoal! Em pouco tempo a maré deverá começar a baixar e, se não tivermos colocado o "dragão" na água antes disso acontecer, nossos projetos de navegação estarão totalmente perdidos, e vocês bem sabem que a próxima subida oceânica só tornará a ocorrer daqui a muitas horas, o que nos impediria de ganhar várias milhas e a ajuda dos ventos para o enfurnar das velas.

A cada recomendação que fazia, bradava dirigindo-se aos diversos grupos para que se esmerassem e acelerassem suas obrigações.

– Recolham os rolões que estão sobrando sob a popa! Vamos, mais rápido! – ordenava. – Leve-os à frente, adiante da proa! Não deixem que se perca o impulso! Não obstruam a harmonia e a precisão dos serviços! Vamos! Vamos, gente!

Todos o entendiam, pois sempre agira do mesmo jeito, empreendendo o rigor e a firmeza em seus objetivos; assim, finalmente cumpriu-se a primeira parte do complexo desafio. Toneladas deslocadas à custa de exaustivos suores, agora à tona, ondeavam fundeadas e serenas enquanto a tripulação examinava todos os equipamentos, os instrumentos de navegação, inclusive uma espécie de bússola solar, objeto de madeira com marcas laterais que possuía um ponteiro vertical, ao qual chamavam de *gnômon*. Ele refletia, na parte central, a sombra do astro rei e inspecionava também a ração para a jornada e os devidos apetrechos de guerra.

Disputando espaço com os destemidos aventureiros, diversos cavalos e outros animais iam a bordos, além de um sem-número de parafernálias a serem utilizadas nas montarias, nas invasões ou no próprio navio.

A um sinal de Krone, Werther berrou o mais forte que pôde:
– Soltar as amarras! Levantar âncoras! Aos remos, homens! Vamos nos afastar mantendo a embarcação aproada no rumo e levando-a barra afora.

Imediatamente, ouviu-se o soar do primeiro ribombar do tambor de comando e, em remadas fortes, os homens, 60 de cada lado, em um admirável sincronismo, saíram com a embarcação, movendo-a de ré, para fugir, rapidamente, do refluxo que já dava sinais de haver começado.

Navegando na imensidão marítima, depois de colocada a proa cingida na linha dos ventos e acionado o cabo utilizado para se alçar a flâmula de identificação, hasteou-se o bojo branco e vermelho dos panos que a seguir foram manobrados de modo a aproveitar ao máximo os sopros que se direcionavam favoráveis, permitindo ao barco, em veloz balouçar, atingir os caminhos que o fariam chegar aos desprotegidos guardadores das preciosidades ambicionadas pelo famigerado Surgat Krone.

Muitos dias e noites se passaram em corajosa precipitação pelos mares.

Ondas enormes levantaram algumas vezes o navio, fazendo-os imaginar que poderiam naufragar por causa dos tombamentos laterais provocados pela invasão das águas sobre os bordos da embarcação, cuja vazão só acontecia durante as ameaçadoras inclinações para os lados contrários. Vencidas as intempéries, na bonança do deslizar da *serpente* (uma das denominações dos barcos vikings que causavam pavor aos habitantes dos povoados, quando eram avistados no mar ou navegando nos rios), ao serem abraçados pela noite, em ocasiões diferentes, como se estivessem a segui-los, avistaram centenas de ágeis bólides perfurando as camadas atmosféricas, nas quais se desfaziam, deixando atrás de si imensos rastros de luminosidade. A horda de nautas vikings atribuiu a Thor a geração dos sinais avistados, considerando-os um aviso de que o deus houvera anuído ao intento daquela aventura programada contra as fraternidades cristãs, visto não permitir que nenhum poder ou supremacia interferisse em seu caminho, tomando-lhe os adoradores, sem ao menos provar o fel de sua ira.

– É o *mijöllnir* de Thor! – afirmavam preocupados com sua forma de agir.

– Provavelmente, deve ter ficado furioso com os convertidos e por isso está cuspindo fogo nos céus – completou Guermute, o remador da bancada de trás, pelo qual se guiavam os demais, a fim de manter os impulsionamentos em cadência.

Volf, o menos desenvolvido fisicamente entre os remadores da proa, calado e com os olhos voltados para o firmamento, nada dizia. No íntimo, até achava bom que assim fosse, pois tinha lá suas diferenças com os homens da batina e abominava o avanço predominante da doutrina de um deus único disseminada séculos atrás, que tomava vulto inclusive entre os régios representantes do povo viking, levando-o, por decreto, a aceitá-la, sem direito a nenhuma contestação, sob pena de ser executado por "transgressão legal".

Hans, o observador do "dragão", conseguiu descrever a trajetória dos meteoritos fragmentados em incandescentes partículas, interpretando-os como um indicativo do deus à rota que os conduziria ao encontro dos monastérios e aos demais núcleos de clausura religiosa, para que, além do sequestro de todos os bens ao alcance, destruíssem o enorme acervo de seus livros, onde se achavam contidos os fundamentos da nova lei do MANSO CORDEIRO.

Krone confabulava com seus imediatos discutindo as táticas que empregariam, já na primeira investida, e só percebeu os velozes clarões cruzando o espaço quando o alarido se fez entre os tripulantes que, com os remos em descanso sobre os joelhos, deixaram que o barco se desviasse, quase à deriva, extasiados que ficaram ante o fenômeno sideral. Eles já haviam apreciado alguns clarões dispersos caindo sobre a escuridão que lhes impedia a visão do horizonte dos mares, tendo-os como estrelas desgarradas tentando voltar para as suas constelações; porém, jamais tinham se deparado com milhares delas ao mesmo tempo, como se o filho de Odin, o deus supremo, estivesse a esvaziar o infinito, despejando jatos de ódio abrasador sobre os astros e transformando-os em diminutas chispas passantes a exibir efêmeros fulgores.

# Capítulo 9

## O Cognome de Krone

Chovia copiosamente pela madrugada e, enquanto as águas desabavam por entre relampejos e coriscos, Surgat, vencido pelo cansaço e pelo som tamborilante dos pingos que caíam fundindo-se ao oceano no encontro com as ondas, enrolado em uma longa capa de couro, cochilava recostado junto à popa onde também se achavam, em sono profundo, outros tripulantes e alguns remadores que agiam em revezamento, de forma a não deterem o progresso da espetacular aventura em que se achava arrolada a temida embarcação.

Veio o dia e com ele a bonança. Krone, em relutante repouso, pelejava em um exacerbado esforço para manter-se em vigília, reagindo contra o incontrolável abrir e fechar de olhos, ora despertos pelo cabecear insistente e repentino agravado pelos solavancos das pás de impulsão, ora dominados pelo acalanto natural da flutuação do barco e pelo entorpecimento causado em razão da fadiga, quando, balançando-o pelos ombros, Heinz o chamou:

– Chefe! Chefe!

Abrindo apenas um dos olhos cor de safira, quase sufocados pelos tufos da barba dourada, Krone, com o canto da boca cheio de saliva a escorrer pelo queixo, passou a mão sobre os lábios retirando o muco da babugem, para, posteriormente, limpá-la sobre a borda do costado da "Grande Serpente".

– Estamos na foz do rio Garona – notificou-o o fiel e astucioso planejador de ardis.

– Huum! – balbuciou o gigante.

– Chegamos à entrada do rio Garona. Devemos subi-lo? – perguntou alterando o tom de voz para se fazer ouvir melhor.

– Huum! – tornou o Líder da empreitada sem sequer abrir a boca para exprimir o som.

Novamente o assistente questionou e sem que lhe desse a resposta o Líder-mor tornou a murmurar:

– Huum!

Krone bocejou longamente. Bafejou sobre as palmas das mãos posicionadas em concha, na qual conferiu o hálito fermentado durante a ruidosa e fracionada oportunidade em que tirou uns pestanejos. Levantou-se vagarosamente, caminhou alguns passos até atingir uma vasilha feita de aduelas, onde a água doce em que todos se lavavam já estava pela metade, e ali meteu o rosto sentindo-a gélida a penetrar-lhe os poros de modo a refazer-se, em definitivo despertar.

– Bom-dia, amigo! Falou comigo?

– Sim, chefe! Preciso de suas instruções para agilizar as ações. Vamos rio acima? Lançamos os ferros aqui mesmo para o desembarque? Ou devemos seguir costeando no rumo dos montes nevados dos Pirineus?

– Vá em frente no curso do Garona – determinou o líder da empreitada. – Já me certifiquei de que à sua margem vamos encontrar grandes fortalezas, cujos antemuros são de difícil transposição.

– Tudo bem, amigo! Se assim queres, assim será!

Heinz dirigiu-se a Werther para anunciar a decisão de Krone:

– As ordens são para trocarmos de águas. Vamos contra as correntes do velho Garona. Não será preciso chegar até Bordeaux, pois lá estaríamos em desvantagem. Prepare seus marinheiros para a nova rota – advertiu.

– Escudos ao costado! – berrou Werther, como invariavelmente fazia. – Baixar velas! Recolher os cabos! Isso... aquilo...

Sempre com a mesma determinação e pressa, Werther obrigava todos a se movimentarem, tal como acontece com as formigas ou com as abelhas, em função da proteção que devem dar à sua poderosa rainha, ou ao pressentirem o perigo rondando seus abrigos.

Os vikings, quando se preparavam para uma investida aos povoados ou vilarejos, tinham por tradição o hábito de cobrir os homens incumbidos das remadas, pois uma baixa entre eles significava perda de tempo nas retiradas e, consequentemente, um risco maior para todos os demais, daí a necessidade de estenderem seus amparos ao longo dos navios.

Não tardou para que Hans, o homem da cabeça de proa, lançasse o aviso:

– Castelo adiante! Reduzir a velocidade!

A mensagem era passada em sussurros para não despertar a atenção do inimigo.

Abrindo os braços, Werther espalmou as mãos, simulando um leve bater de asas das aves marinhas. Os remeiros traduziram esse gesto como uma ordem para que dessem uma última impelida e depois alinhassem seus instrumentos de trabalho sobre as *chumaceiras* (peças de madeira ou de couro sobre as quais movimentavam os remos), deixando que o barco se acostasse, de modo a chegar o mais próximo possível das altas muralhas do altivo palácio, ao qual os plebeus haviam denominado *Le Parfum Délicat des Fleurs* (O perfume delicado das flores), visto que era habitado pelo conde Joseph Christophe, pessoa de traços faciais bem delineados, pele rosada e sedosa, gosto refinado no trajar, modos requintados no trato com aqueles que lhe eram de interesse e fala com tendências exageradas do padrão adamado.

O epíteto da enorme moradia teve origem no costume do nobiliárquico de impregnar-se com essências campestres de odores acentuados, pois, segundo comentavam os habitantes daquela região, ele não era dado a se lavar ou cuidar das higienes, principalmente as íntimas, porque detestava ter de despir as indumentárias pesadas e apertadas que, cotidianamente, usava, pela complexidade da tarefa, preferindo simplesmente espargir sobre si várias substâncias aromáticas.

Embora Joseph parecesse cordial e educado, causando impressão por sua natural expressão, o comportamento que mantinha em relação àqueles que não lhe irradiavam simpatia deixava claro que, no fundo da alma, era um indivíduo amargo, prepotente, irônico e trazia no peito um coração odioso, contrastando com a generosidade e magnanimidade que todos sempre reconheceram existir em seus pais, os quais, antes da morte, o haviam feito herdeiro da imponente fortaleza e da imensa fortuna, representada em joias, objetos e propriedades espalhadas pelo território francês, além de lhe cederem a soberania sobre todo o condado.

Os guardas das torres voltadas para a beira do Garona perceberam a estranha movimentação que acontecia junto aos paredões e, imediatamente, colocaram-se em alerta, acionando as tropas para o iminente ataque às portas e demais aberturas havidas na fortificação.

O castelo era volteado por um canal, construído a partir do próprio rio, tornando-o uma espécie de ilha, e suas águas eram seccionadas por diversas e avizinhadas estacas, de forma a impedir qualquer tipo de navegação ou investidas por meio do sistema, gerando assim a tranquilidade e a segurança aos seus ocupantes.

Na base da edificação, existiam sete portais de acesso, que não podiam ser transpostos senão pelas pontes móveis, mantidas quase sempre, em suspensão, por orientação de Christophe, em função do notório pavor que tinha de ser atacado por seus muitos inimigos.

Com sutileza, Heinz espalhou os seus comandados ao longo do fosso, de onde lançaram cordas com ganchos presos em uma de suas extremidades. Werther posicionou seus marujos acostumados a subir pelas escadas feitas de amarras, ligadas aos degraus de madeira dos barcos vikings, para atingirem o topo dos mastros, de maneira a que chegassem ao cume onde os soldados do conde ainda não haviam se posicionado e procedessem à tomada das estruturas levadiças.

Do alto das amuradas, desciam centenas de lanças e flechas na tentativa de impedir a entrada dos "loiros endemoninhados", mas sobrava-lhes destreza e habilidade nesse tipo de ação; portanto, estes foram assenhoreando-se, paulatinamente, de cada uma das passarelas, ao mesmo tempo em que Krone, com sua força brutal e munido de um pesadíssimo tronco usado como aríete que carregava sozinho, estourava os ferrolhos dos portais emoldurados por enormes pedras, fazendo-os cair por terra, permitindo, assim, a invasão de seu povo.

Todas as entradas foram rompidas pelo mesmo método, tornando o reduto de Joseph tão vulnerável quanto as nuvens do céu, que a um simples soprar de vento se desfazem ou são arrastadas.

A batalha foi violenta, porém infrutífera para os defensores do nobre, a começar por muitos soldados que, na vã tentativa de reforçar a resistência dos impactos sobre as trancas, acabaram esmagados sob o peso dos portões e o pisotear dos saqueadores; contudo, as milícias do castelo conseguiram ferir e até matar alguns dinamarqueses, despejando sobre diversos homens, que se arvoravam pelas cordas e escadas feitas de improviso, panelões de azeite fervente ou de alcatrão em ebulição.

Os vikings defendiam-se dos dardos lançados pelas *bestas* (armas antigas, formadas de um arco, um cabo e uma orda, com que disparavam pelouros ou setas também chamadas de balestras), escudando-se pelos *manteletes* (parapeitos ou abrigos ligeiros, às vezes providos de rodas para a proteção das tropas que cercavam uma praça ou um castelo), e desse jeito iam avançando até galgar, em escalada, as muralhas e chegar aos seus objetivos.

Vencidos os perigos maiores e a torrente de pedras que lhes arremessavam os guardas das torres, formadores das barreiras junto às muretas do alto, Krone subiu com seus homens de modo a atingir as *ameias* (partes salientes retangulares separadas em intervalos iguais, na parte superior das muralhas dos castelos), que não eram projetadas para fora. De lá, sendo imitado por outros guerreiros de porte avantajado, passou a precipitar seus contendores, cujos corpos se estatelavam ora no chão, ora nas pontiagudas estacas armadas no valado, ou ainda sobre os medrosos que, apavorados, largavam suas armas e, em pânico, corriam para fora na tentativa de alcançar as águas do rio Garona ou buscar um esconderijo nas florestas. O líder bárbaro chegou a lançar ao menos 30 combatentes pelo ar e, rindo muito, mandava que voassem, batendo seus braços sobre o vazio, como se fossem asas, se quisessem safar-se da trágica aterrizagem. Não contente com a agressão promovida contra aqueles infelizes componentes das guarnições derrotadas, Surgat vasculhou cuidadosamente todas as dependências da antiga e interiormente deteriorada fortaleza, à procura do conde, encontrando-o escondido sob os sacos de trigo que se achavam empilhados na "Casa dos Pães".

– Saia daí, seu estúpido! Seu crapuloso e covarde! – satirizou Krone com ar de desprezo.

O infeliz, todo borrado, chorava desesperado implorando por misericórdia:

– Por favor, não me mates! Prometo que te darei a metade dos meus bens se me poupares! Farei o que quiseres, até ceder-me para a tua satisfação, mas não me sevicies, pelo amor de Deus!

– Seu nojento! Antes de isso acontecer, quero te dar um banho porque tu estás fedendo demais, cagão! – aviltou, escarnecendo.

O chefe dos vikings arrastou-o pelos cabelos e conduziu-o à cozinha do castelo, onde a fornalha se mantinha acesa aquecendo uma enorme caldeira na qual o óleo borbulhava, pois havia sido deixado sobre o braseiro para ser derramado nos paredões.

– O que vais fazer comigo? – interrogou tremelicante e em pranto escandaloso. – Socorro! Socorro! Acudam-me!

Ninguém pôde fazer nada, pois suas tropas já se haviam rendido e entregue as armas aos comandantes Heinz e Werther que, a essa altura, tinham o domínio total da situação.

Ofendido com a proposta indecente feita pelo nobre efeminado, Krone, cheio de fúria e indignação, lançou-o dentro do tacho, vendo-o descarnar-se e desfazer-se sem que isso o abalasse ou fizesse sentir nenhuma comiseração.

– Maldito! Vais te engraçar com o demônio no inferno, pois lá é que é o teu lugar – afirmou praguejando. – Onde já se viu uma coisa desta? Talvez nem o diabo católico te queira aceitar, já que, com todo o perfume impregnado em teu corpo, a fedentina que agora carregas, mesclada à podridão de tua alma, causa asco até no "rei dos anjos decaídos".

Krone desceu uma escadaria que ia dar na masmorra. Ali libertou todos os prisioneiros, inclusive Duprat, fiel escudeiro de Joseph, que se achava encarcerado e atado às correntes ligadas aos argolões de ferro presos aos pinos encravados profundamente nos blocos de formação das grossas paredes, assim feitas para impedi-los de ouvir os ruídos externos, por mais retumbantes que fossem.

– Por que estás aqui? – perguntou Krone, ao mesmo tempo em que, com seu pesado machado, tentava desvencilhá-lo das algemas.

– Fui condenado sem anuência do *missi dominici* (comissão formada por mensageiros do rei incumbidos de prevenir os abusos dos condes, que percorriam os condados e, na volta, informavam ao regente sobre os atos de injustiça que haviam constatado).

– E qual foi a acusação? – inquiriu.

– Cristophe acusou-me de traição e insubordinação, mas, na verdade, tudo não passou de um ardil do corrupto pederasta chefe do condado quando o repeli ao tentar acariciar minha barba. Ele queria obrigar-me a ceder. Não me mataria porque conheço bem sua falsa honestidade e as tramoias que já arquitetou contra o rei sem que o soberano se apercebesse. Como seu ordenança fiquei sabendo demais, porém deixei-o com a preocupação de que, por meu intermédio, alguém mais já estivesse a par de seus malignos planos. Servia a Deus e a Satanás, pouco importando qual dos dois seria o melhor, contanto que pudesse levar alguma vantagem; contudo, temia que um dia, quando morresse, viesse a ter de prestar contas e enfrentar as consequências de suas ações em um desses tribunais.

O assunto fez com que Krone se recordasse de Aníbal, o polonês.

"Ambos foram infiéis e tiveram um final dramático", pensou.

– Não te preocupes mais com esse libertino. Já o despachei para a outra dimensão.

Nem bem terminou de falar e... clic, partiu-se a grilheta que mantinha Duprat cerceado da liberdade.

– Pronto, agora estás livre! Segue o teu caminho ou te apossa desta fortaleza, mas não enquanto todo o tesouro nela contido não estiver em minhas mãos – advertiu.

Ouvindo tais conselhos, Duprat prontificou-se a mostrar-lhe o local em que seu ex-suserano mantinha escondidas as riquezas. O valente guarda-costas curvou-se em reverência a Surgat, forçando-o a relembrar seu antigo desejo de um dia vir a ser coroado como um autêntico rei.

– Eu bem que poderia começar por este castelo! – imaginou –, porém está muito distante de meu povo, e é para ele que quero governar.

Krone e seus comandados puseram abaixo as grades que protegiam as joias do conde, roubadas ou herdadas de sua dinastia. Eram tantas, que os quatro homens destinados à tarefa de transportar as duas arcas onde estavam guardadas não conseguiam movê-las. Então Krone interveio:

– Saiam para lá, seus fracotes! Deixem que eu mesmo faço isso! – enalteceu-se, erguendo-as com facilidade para, a seguir, levá-las aos ombros, sem demonstrar nenhuma dificuldade.

Espantados com tamanha força, todos o admiraram e puderam vê-lo, em exibida pose, chegar-se ao pátio central da nobre morada, carregando por entre os braços, um de cada lado, os pesadíssimos baús, até descê-los ao chão para que fossem arrastados pelos cavalos viajantes do *drakkar*.

– Viva Krone! Viva "Sete Portas"! – bradaram Heinz e Werther.

– Viva Surgat Krone! Viva "Sete Portas"! – responderam à incitação aqueles que participavam da vitoriosa tomada sobre Joseph.

– Viva o imbatível "Sete Portas"! Viva o portentoso "Sete Portas"! – aliaram-se ao coro os remanescentes do encerrado embate.

A euforia do apelido foi justificada em razão da oportunidade de livre trânsito obtida pelos vassalos do conde em função da derrubada dos sete portais do castelo, os quais raramente eram abertos. Quando isso acontecia, principalmente com aqueles que se voltavam para os lados opostos à entrada principal, tinha-se uma certeza: alguém estava para ser sepultado, visto que, por sua própria ordem, os enterros só deveriam ocorrer fora dos limites das muralhas do condado, pois Joseph era muito supersticioso e receava ser perturbado pelas almas sofridas dos habitantes de sua propriedade.

Desse dia em diante, Krone passou a ser chamado, simplesmente, pelo cognome SETE PORTAS, algumas vezes antecedido por adjetivos enaltecedores.

Para alguns, como um redentor, e para outros, como um símbolo do terror.

Depois de saquearem tudo o que estava ao alcance, antes de deixar as dependências do pátio interno do castelo e dar ordens para a retirada, movido por um ímpeto, Krone levantou sua pesada espada e, sentindo-se um poeta inspirado, sentenciou:

– Se, neste ato, todos vós a mim conclamais, intitulando-me de SETE PORTAS, considerando minhas sanhas e façanhas, também determino e deste velho castelo a nomenclatura elimino. Não mais será chamado "O Perfume Delicado das Flores", pois se foram os seus odores; e assim o denomino, por este nome esquisito: A CASA DO CONDE AFLITO, que um dia terminou frito, por complicar um conflito. Não é muito mais bonito?

E aqueles que lhe eram coniventes ou tementes o aplaudiram e riram, debochadamente, pensando na figura desditosa do insuportável nobiliárquico.

## Capítulo 10

## O Adeus ao Líder

Enquanto Sete Portas retomava o curso do rio seguindo o sentido que leva ao Mar Mediterrâneo, na outra extremidade da França, muito distante, na Dinamarca, sua tribo, uma das poucas que ainda permanecia rendendo culto aos deuses pagãos, chorava a morte de Krauser, o poderoso comandante em chefe dos vikings daquela região.

O ritual de sepultamento do respeitável líder seguiu antigas tradições, em que o corpo dos mais endinheirados e renomados membros da nobreza era embalsamado por uma apática mulher chamada de "Anjo da Morte".

O grandioso dakkar de sua propriedade, depois de ter sido arrastado por escravos e animais, já estava no local onde se daria o enterro e o fariam descer ao fundo de um gigantesco buraco escavado para servir de abrigo ao defunto e de caminho para a felicidade de seu espírito.

Os reis e as pessoas de destaque daquela sociedade, detentores de muitas riquezas e bens patrimoniais, ao deixarem este mundo, tinham os navios pelos quais haviam registrado sua história como jazigo e receptáculo de seus objeto.

Um Guia de Aldeia tinha poderes de governador e, como alto-mandatário, não poderia morrer sozinho, por isso seus funerais eram sempre acompanhados de sacrifícios, tanto de animais quanto de seres humanos. Assim, uma jovem escrava deveria ser imolada para servir-lhe de companhia no caminho ao Valhalla.

Krauser foi vestido com roupas feitas da mais luxuosa seda, decoradas com desenhos bordados em relevo e realçados por fios de ouro e de prata. Junto ao cadáver estavam suas armas e apetrechos com os quais participara de várias batalhas.

O barco foi inundado pelo sangue do melhor cavalo já montado pelo comandante nos últimos combates em que pôde participar, e o animal também foi submetido ao holocausto típico de seus costumes.

Ao lado do belo corcel, deitaram uma vaca, um cachorro e algumas aves que da mesma forma tiveram suas vidas ceifadas para o seguir na jornada rumo ao esperado paraíso de Odin.

A escrava foi estuprada por seu proprictário e, depois de embriagada, agindo como desvairada, passou a cantar, demonstrando imensa alegria por haver sido escolhida para a "nobre missão". Vários outros homens foram convidados, por ela própria, para que a possuíssem sexualmente, promovendo uma festiva curra de despedida. Então, o "Anjo da Morte" levou-a para uma cobertura armada como uma espécie de tenda sobre o "navio-esquife" e ali a esfaqueou, sem nenhum pudor, dando-lhe certeira cravada no coração.

Colocaram-na ao lado do nobre, e seus corpos foram rodeados por comidas e bebidas. Posteriormente, Sverre, o último filho de Krauser, em pranto convulsivo, ateou fogo sobre a embarcação e, quando as chamas se extinguiram, mandou que fosse fechada a cratera que, como porta de entrada ao desfrute da satisfação eterna, acolheu seu pai.

Em carta chancelada, transcrita por *Olaf* (religioso conhecedor dos segredos das runas, cuja tradução entendia profundamente graças ao empenho com que se atirava à interpretação de suas fórmulas mágicas encontradas em antigas tumbas e em certos amuletos, especialista também na leitura e na explanação do significado das inscrições dedicadas aos antepassados, lapidadas em pedras recortadas) e entregue a Hermann – o sacerdote –, o excelso Krauser outorgou ao fidelíssimo Surgat Krone, agora antonomasiado SETE PORTAS, o título que detinha de Comandante Geral da comunidade sob sua custódia.

Normalmente, tal nomeação seria feita, simplesmente, por uma mera proclamação verbal; entretanto, longe dos acontecimentos, Sete Portas só iria saber dos fatos ao regressar para o solo de sua Pátria, e isso ainda estava muito distante de acontecer, pois prosseguia nas arremetidas contra os castelos de menor porte que o de Joseph, batendo pelas povoações e províncias que se estendiam pelo Vale do Garona, causando pavor, matando e tomando posse de tudo o que podia.

Os habitantes das cercanias, assustados com a fama que rapidamente se espalhava dando destaque à cólera e à sequiosidade do intimorato agressor alourado, procuravam esconder seus bens mais valiosos, metendo-os em cisternas, sob pedras, ocultando-os por entre pilhas de lenha usadas para o lume dos fogões, e nos lugares em que acreditavam não poder ser alcançados pelos olhares perspicazes do pessoal das facções malfeitoras, como no desvão dos telhados.

Algumas famílias fugiam levando tudo sobre carroções, seguindo por destino incerto, desde que saíssem da linha dos ataques. O importante era não ter de se defrontar com os perigos de conclusões errôneas, usuais entre eles, e feitas por julgamentos imediatistas pelos quais muitos já haviam sucumbido. As poucas pessoas que se atreviam a argumentar suas decisões, a cada palavra dita, tinham-na acrescentada às punições como um desacato à jurisprudência dos opressores.

Krone, o valente Sete Portas, também iria saber, ao retornar, que seu velho pai, a exemplo de Krauser, já havia finado há algum tempo sem que pudesse tornar a ver sequer o contorno das pessoas ou das coisas existentes no mundo, derrotado que foi pela privação visual e por uma pestilência desconhecida pelos curandeiros da tribo. Seu sepulcro se encontrava nas proximidades do túmulo de Donien, recoberto por pedras brancas, cujo amontoamento tomou a forma de um navio viking, bem ao estilo das naus utilizadas pelos *bóndis* ao saírem em aventureiras viagens de veraneios hostis. Essa era a homenagem maior que lhe podiam dedicar, reservada aos nobres de escalões inferiores e aos homens dotados de versatilidade e competência artística, qualidades que Waychman sempre demonstrou possuir, pois, entre os bravos do conglomerado que habitava, assim como entre outros aldeamentos, raros eram aqueles que não tinham consigo ao menos um objeto trabalhado por suas mãos, tanto no mobiliário de suas residências quanto nos meios de locomoção, representados por carretas, barcos e trenós, assim como pelas peças forjadas em metais, a exemplo de panelas, recipientes para a guarda de cereais e também os armamentos, tais como: facas, punhais, lanças e espadas.

O desconhecido paradeiro de Krone tornou impossível notificá-lo dos acontecimentos, por isso, até que pudesse voltar, o Conselho se reuniu e concluiu que Hermann deveria assumir, interinamente, o controle da situação.

Além da bravura inata, Surgat Krone, agora alcunhado o temido SETE PORTAS, já detinha uma quantia razoável de tesouros e objetos, cujos valores, somados aos bens de propriedade de seu pai e a outros legados consequentes do posto de *mordomo* (subordinado de um rei ou qualquer outro governante, chamados de "indolentes", para o qual era transferida a sua autoridade, livrando-os do trabalho e das exigências de capacidade e espírito de liderança que deveriam ter e que recebiam plenos poderes para o exercício dessas tarefas), deixados pelo edito de Krauser, faziam-no o mais opulento e qualificado dos componentes daquele agregamento social para o exercício da função. O Gigante conhecia todos os meios de prover os armazéns, tanto por haver lidado por um bom tempo, desde a infância, com o trabalho da agricultura, quanto pelos métodos aprendidos com os mais velhos e experientes no que tange aos acometimentos que lhes geravam os meios de subsistência.

No que diz respeito às operações de cunho militar, era também um ótimo estrategista e sabia muito bem planejar e executar ações táticas sobre determinados objetivos. Krone conhecia as armas mais eficientes para cada momento e tinha muita força física e insensibilidade diante dos inimigos. Sete Portas cresceu aproveitando os raros intervalos de ociosidade para brincar nos barcos vikings que se achavam recolhidos às areias ou ancorados nas águas próximas à aldeia. À vista disso, levado por acentuada curiosidade, acabou por aprender todos os segredos da navegação conferidos por meio de insistentes perguntas, com as quais às vezes chegava a aborrecer a paciência dos antigos marinheiros, inclusive de alguns que não mais existiam e, no seu entendimento, já se achavam nos páramos do Palácio de Woden, agraciados por seus feitos, com invejáveis regalias. O filho único de Waychman só não era bom negociante, visto que, em razão da sua sobressalente estrutura, sempre conseguia tudo o que desejava pela imposição do medo e pela postura avassaladora diante das negativas; consequentemente, a moeda corrente só lhe dizia respeito na adjetivação de seu próprio nome, portanto, para a solução desses assuntos, deveria nomear alguém que fosse de sua inteira confiança como Frauendorf – o mediador das transações de interesse geral –, proprietário de grandes navios, com quem, de vez em quando, saía mar afora, tentando vender o excedente das produções conjuntas obtidas em laboriosos mutirões.

É certo que Surgat não conhecia as ciências literárias, ou sequer sabia rabiscar um símbolo do alfabeto runista, formado com suas 24 letras, ou mesmo do idioma grego ou do latim. Entretanto, nada disso lhe traria impedimentos, visto que poderia perfeitamente imitar antigos reis de povos germânicos ou vikings, como Carolus Magnus (Carlos Magno) que, até os 32 anos de idade, por não saber ler nem escrever, mandou que lhe fizessem um monograma entalhado com a abreviatura de sua identificação e assim obteve meios de apor sua marca em quaisquer documentos ou tratados. Krone só não os imitaria no rompimento das tradições de Escânia, aceitando alianças com o papado para obrigar seu povo ao convertimento cristão. Em seus vislumbres religiosos, jamais se ajustaria em um paraíso de mansidão, onde não se exigissem os recursos da força muscular e não houvesse lutas que justificassem o direito ao prêmio do vencedor e a degradação moral ao perdedor. O que iria fazer em um lugar desses ao deixar este mundo? Rezar! Rezar!

"Arre, que fastio!", assim reagiria.

Muitos soberanos aliciados e convencidos do novo caminho já haviam cedido bens e terras à Santa Madre Igreja em troca de cargos, garantias e prestígios. Alguns até executavam a degola daqueles que se declarassem contrários à submissão pontifícia. Uma avalanche de jogos de interesses vinha tomando vulto, portanto em breve deveria chegar-se pelas bandas de seu governo, e aí seria um mar de sangue. O orgulho radicado em sua alma, definitivamente, não encontraria meios de se dissipar. Não iria impor aos de sua estirpe uma nova organização de ordem jurídica, política ou administrativa, levando-os à humilhante posição de condescendentes fracassados entregues ao servilismo e às bajulações em torno das posições do clero, cujos ditames tinham como base a filosofia de um "Rei despojado de gala, de cetro e de coroa". Não! Isso jamais iria permitir.

## Capítulo 11

## A Tortura

– De volta para o mar! – anunciou Sete Portas.
– Preparar para retornar e inverter remadas! – berrou Werther como já era de praxe. Continuou gritando todas as costumeiras ordens já decoradas e condicionadas aos tímpanos dos marinheiros familiarizados com a tonalidade exorbitante, usual do mestre de navegação ao comandar as operações na embarcação.

O sol já se deitava por trás das colinas cedendo espaço ao anoitecer.

Vagarosamente, o clarão avistado no horizonte foi extinguindo-se até que as luzes das estrelas e o brilho da lua ocupassem o seu lugar. Sem nenhum conluio com a lentidão, as águas do Garona corriam afobadas, roçando as barrancas, de onde roubavam a forma e a coloração, fazendo-as, pela milenar movimentação, participar da visualização artística natural, formada pela sedimentação acumulada nas ilhas de aluvião espalhadas na embocadura do rio. O cricrilar fino e metálico dos grilos, em disputa com o coaxar das rãs e dos estranhos sapos que saltavam ao fundo à passagem do barco, era imediatamente estancado ao pressentirem o perigo, traduzido pela morosa, mas constante, agitação das pás, propulsionadas em disciplinada disposição.

Conduzindo-se a favor das correntezas, os homens do *drakkar* tiveram pouco trabalho para levá-lo de volta ao oceano. A obscuridade que os envolvia permitiu que atravessassem todo o curso a ser percorrido sem que fossem notados pelos algozes habitantes dos castelos por eles já surrupiados.

Logo aos primeiros fulgores do dia seguinte, puderam vislumbrar o panorama azulado, refletido pela paisagem da Baía de Biscaia.

Tomaram o rumo sul em direção à Espanha, indo atemorizar a pacata província de San Sebastian, na região dos Pirineus.

Da imensa cordilheira soprava um vento forte e gelado que descia sobre a pequena cidade e obrigava seus moradores ao recolhimento aconchegante do interior de seus lares, aquecidos, de forma permanente, por lareiras, nas quais se via crepitar a lenha dos pinheiros em vivazes braseiros, ajudando-os a esquecer os acontecimentos lá de fora.

Sobre as mesas, as chaleiras quase transbordavam, repletas de chás apropriados ao clima, degustados calmamente enquanto as famílias conversavam.

Aparentemente seria apenas mais um dos muitos monótonos invernos, daqueles que todos da região estavam acostumados a enfrentar; entretanto, astuciosamente, o grupo de Krone, tendo à frente os homens alteados pelo uso dos capelos formados por cabeças de animais, como se fossem raposas-da-neve, caminhavam sem sentir as intempéries, protegidos por mantos e capotes de couro ou recobertos por felpudos pelos e lãs, seguindo o caminho que levava ao pórtico da igreja católica, erigida com riqueza de detalhes para homenagear o santo que emprestava o nome àquela localidade.

No templo, achavam-se somente o padre e um ajudante de ordens (clérigo), ajoelhados diante do altar em cumprimento à hora da penitência. Não perceberam o leve ranger da porta principal por onde parte do bando entrou e seguiu, a passos suaves, colocando-se disposta em arco, ao redor de ambos, à espera de que terminassem as orações.

Depois, sentindo a ruidosa respiração do bando viking a envolvê-los e pressentindo que algo de errado estava acontecendo à sua volta, os dois religiosos, temerosos da surpresa que os aguardava, resolveram gastar todo o repertório de súplicas latinas que conheciam e se mantiveram com os olhos fechados. De repente, um dos salteadores cutucou suas espáduas forçando-os a olhar para trás.

– Santo Deus, o que é isto? – exclamou o pároco, boquiaberto e já com o coração palpitante. – É a legião de Lúcifer! É o próprio Belzebu multiplicado em várias formas!

O noviço desmaiou antes que pudesse tentar entender o que estava acontecendo e o vigário não conteve a diurese. Apanharam-no pelo braço e o arrastam para a sacristia:

– Vamos logo, seu porco! Passe para cá tudo o que tens aí que valha alguma coisa! – impôs tiranicamente o viking que se assentava sob a cabeçorra de um urso polar.

O sacerdote tiritava os dentes e o corpo, quase não conseguia sair do lugar:

– Vamos rápido com isso, seu idiota! Queres morrer? – perguntou o da cabeça de touro, dando-lhe um safanão.

Abrindo um pequeno armário, o infeliz apontou:

– Eis aqui tudo o que temos de valor!

– Só isso? – questionou um terceiro.

– Só!

– Que objeto é este? – perguntou o homem da cabeça de rena, retirando-o de uma prateleira.

– É um castiçal de prata. Podem levá-lo se quiserem!

– Mas devem existir outros iguais por aí. Entrega-os – determinou Krone que, nesse momento, sem camuflagem, adentrava no recinto.

– Não há mais nenhum! – disse cheio de pavor –, fomos roubados há pouco tempo por uma corja de vândalos que destruiu quase tudo o que tínhamos. Note que a igreja está quase vazia!

– Estás mentindo e chamando-nos de vândalos também, padre safado?! Vais pagar caro por isso! – ameaçou metendo o dedo indicador no rosto do vigário.

Novamente o religioso urinou-se todo.

Surgat fê-lo tirar o hábito para enxugar a poça que se formou no chão.

– Seu mijão imbecil, se tu estiveres tentando me enganar, vou fazer com que te arrependas de ter nascido – afirmou categórico.

Percebendo que as chances de ludibriá-lo eram nulas, o pároco decidiu mostrar-lhe o verdadeiro local em que guardava as peças mais preciosas de seu sacrário. Ergueu um alçapão oculto sob uma tosca mesa, onde comia e escrevia suas memórias, e fez abrir-se, aos olhos de todos, uma rica coleção de candelabros, taças, moedas e até um ostensório de ouro, cravejado de pedrarias raras.

– Queres ir para o inferno? – inqueriu o grandalhão. – Se esse for o teu desejo, posso providenciar agora mesmo!

Krone teve um dos seus descontroles e, sacando o inseparável espadão, ergueu-o lateralmente e ameaçou:

– Já perdi minha paciência contigo. Não vês que gostamos de colecionar cabeças? Queres que a tua também venha a fazer parte do meu acervo? – advertiu, obrigando-o a fitar os elmos utilizados por seus companheiros.

– Não, por favor, deixe-me viver! – implorou. – Leve tudo o que puder, mas, pelo amor de Deus, minha vida, não!

Sentindo que o acossado era muito frágil e que, por isso, não esboçaria reação, querendo apavorá-lo mais ainda, Surgat encostou a lâmina de sua arma no pescoço do religioso que, em desespero, clamou gaguejando choroso:

– Ê, eeu na, na, não quero morrer, ne, ne, nem tam, tampouco ir pa, pa, pa, para o infe, infer, inferno!

– Mas não é para lá que vão aqueles que pecam? – interrogou.

– Eeeu, na, não coomeeti peecacado al, algum – contestou movido por tremores.

– Mentiste para mim, seu desgraçado! E a mentira, segundo ensinam as pregações de teu Guia Espiritual, já é motivo para a condenação – asseverou.

O pobre cristão agora se abalava ainda mais em seu estado seminu, tendo de suportar a friagem que invadia o ambiente. Seus calções estavam encharcados e malcheirosos; então Krone, em um lapso de "bondade", resolveu poupá-lo.

– Vou te dar duas opções de sobrevivência – disse. A primeira é muito simples: do jeito que estás, até o amanhecer, deverás ficar deitado sobre a neve que cai lá fora e, dessa forma, penitenciar-te para que não sejas enviado, por meu intermédio, às mãos do diabo de tua crença.

– Tu sabes que ninguém pode suportar o rigor dessa temperatura sem que esteja bem agasalhado – replicou –, assim eu vou morrer!

– Isso não é problema meu! – revidou o viking. – Então só resta uma única alternativa.

– Qual?

– Tu verás! Providenciem uma corda e levem-no para a torre dos sinos – determinou aos seus comandados.

Sete Portas ordenou que o amarrassem de cabeça para baixo, deixando-o preso ao badalo do maior dos bronzes do campanário. A seguir, prescreveu que seu som fosse repercutido por várias vezes para chamar a atenção dos moradores da localidade. Estes, ao chegar e constatar a estranha convocação fora de hora, se depararam com o torturado seguidor da igreja de Pedro, desmaiado e ensurdecido. A essa altura, os saqueadores já se batiam em fuga dentro do barco abarrotado de produtos sequestrados. Antes de deixar a Casa de Orações, Krone ainda apanhou uma estola bordada em ouro que se achava pendurada nos aposentos de guarda dos paramentos litúrgicos.

Depois de descerem o padre e desamarrá-lo, fizeram-no recobrar os sentidos e, só então, ele pôde falar:

– Os bárbaros visitaram-nos, roubaram o que tínhamos de melhor e, dizendo que estavam praticando uma caridade, o chefe do bando mandou que me atassem deste jeito, fazendo-me de fantoche em suas mãos. Ele perguntou se eu queria ir para o inferno por haver pregado uma venial mentira quando aleguei que, antes deles, outro bando já nos havia despojado de tudo. Se for mesmo verdade que o inferno existe, creio ser muito ameno diante do que passei. Figuras horrendas falavam comigo, todas ao mesmo tempo em caótico murmurar. O guia da súcia tinha aparência pior do que a do demônio pintado pelos mestres das artes romanas. Posso dizer-me felizardo pelo milagre de ainda estar vivo e falando com vocês. Foi Jesus quem interveio, tanto por mim como pelo meu novato ajudante, ainda não familiarizado com a luta contra as potestades do mal, razão pela qual, ao fitar suas figuras, perdeu os sentidos, recobrando-os somente agora pelo abençoado acudimento de todos vós.

Indignados, os habitantes de San Sebastian armaram-se de todos os seus recursos e correram em direção ao mar visando tentar interceptá-los, entretanto chegaram tarde demais. Ao longe, puderam avistar o bojo bicolor da vela, afastando-se ligeira e sendo devorada pela linha do horizonte até que se apagasse do alcance visual daquela frustrada gente.

## Capítulo 12

## O Mosteiro

Krone esgueirou-se de San Sebastian tomando o rumo que conduz ao extremo norte; entretanto, antes de chegar a Bilbao, depois de haver depenado, sem nenhum problema, diversos templos, conventos e demais retiros religiosos encontrados pelo caminho, ao perceber que os últimos ataques não vinham se revelando compensadores pela pobreza imperante na área ibérica devastada por seu bando, tomou a decisão de voltar para a Dinamarca, até porque o esforço despendido pela tripulação houvera passado a ser redobrado por causa do preocupante excesso de peso já acomodado sobre o imperioso barco.

Sete Portas chamou por seu assistente:

– Werther!

– Às ordens, chefe! – respondeu o homem, apresentando-se de imediato.

– Ainda cabe alguma coisa no navio?

– Estamos à beira do limite! – explicou o experiente marinheiro. – Talvez a nau possa suportar apenas uma carga adicional equivalente àquela que se aferia aos nossos bravos guerreiros tombados nos condados por onde passamos, nada mais!

– E como está o nosso estoque de vinho? – interrogou o Líder que, por ser enomaníaco, tinha verdadeira paixão por esse tipo de bebida, dirigindo-se ao fidedigno Heinz.

– Está quase no fim – afirmou.

– Como assim?!

– Resta bem pouco no estoque, porque, a cada vez que caíamos fora de uma empreitada, os nossos combatentes ingeriam regaladas talagadas, quer para a reposição das energias gastas nos entreveros, quer para, embriagados, fugirem à dor dos ferimentos causados pelas lutas ou simplesmente para comemorarem as vitórias e extravasarem o contentamento.

– Então precisamos providenciar sua reposição, senão seremos obrigados a fazer "a seco" nossa viagem de retorno, e você bem sabe que não consigo navegar em "mares sem água" – afirmou, referindo-se a abster-se do vinho, o que lhe causava ansiedade e descontrole, deixando-o muito nervoso. – Portanto, vamos regressar às terras existentes ali pelas bandas do lado oposto dos Pirineus.

Krone fez questão de volver à Terra dos Francos, por causa da sua preferência pelo sabor e pelo cheiro do mosto que lá produziam, cujo ar se achava impregnado do aroma da fina uva, tal qual acontecia nos festins promovidos pelos deuses das antigas mitologias greco-romanas.

– Vamos a Bayonne, a toda vela! – esgoelou-se Werther a transmitir a ordem à tripulação.

Os ventos estavam favoráveis à rota, porém o mar se agitava querendo formar vagas ameaçadoras, daí haverem recorrido aos remos a fim de obter aumento de velocidade. Tudo o que desejavam era escapulir do sopro intenso formado na atmosfera inferior, predominante naquela zona onde se dava a formação dos lufares persistentes, causadores de tempestades tão fortes, que chegavam a dilacerar os panos quando envergados pelo embojamento.

Vencidos os rigores das variações climáticas, acharam-se, finalmente, em águas serenas que deslizavam mansamente, a quedar-se absortos em deslumbres, esquecendo-se do tempo, e a olhar embasbacados para a imponência da imensurável cadeia montanhosa. Os seus cumes branqueados e permanentemente envolvidos por gélida neblina exibiam certa vaidade às avizinhadas elevações que lhes invejavam o privilégio de poder tocar na azulada morada, onde Thor, em fúria ou nas brincadeiras, causava lampejos ou estardalhaços para demonstrar o seu divino poder.

A profunda e inquebrantável imobilidade do descortinado panorama fê-los esquecer, por algum tempo, toda a excitação, sedando-os, a ponto de provocar sonolência em boa parte dos manobradores da impetuosa embarcação.

O próprio Sete Portas cedeu aos efeitos da convidativa mansidão, e a insuportável roncadura do homem teve de ser aturada pelos demais que se obrigavam ao despertamento por conta de suas funções.

"Tão grande e tão babão!", censurava Werther, em pensamento, após observar atentamente o líder esparramado sobre a sacaria ajeitada em amarração, entorpecido pela gostosa soneca, deixando escorrer sobre a tira que mantinha seu capacete preso à cabeça a baba viscosa, típica de seu salivar.

Tão logo avistaram o lugarejo, trataram de chamá-lo:
– Chefe, chefe! – Werther sussurrou junto ao seu ouvido com a mesma cautela de sempre.

O mestre do navio conhecia perfeitamente o mau humor com que Sete Portas costumava acordar, principalmente se fosse despertado de forma súbita em um dos momentos em que estivesse sonhando com Reny, por quem um dia chegou a apaixonar-se em sua mocidade, sem, entretanto, haver sido correspondido; ou então com as meretrizes ou mulheres com as quais imperiosamente houvera praticado sevícias para obter os prazeres da carne; ou ainda, com Irmgard, uma das filhas de Krauser, aliás, a mais bonita de todas, pela qual passou a nutrir forte atração, desde que seu pai o nomeara para executar as primeiras missões em virtude dos surpreendentes impedimentos que teve de enfrentar, quer por questões diplomáticas, quer por problemas de saúde. Foi no regresso da investida polonesa, quando o povo, tomado por uma histeria de contentamento, gritou vivas ao seu nome, que Irmgard lhe lançou profundo olhar, fazendo-o tremer interiormente. Naquele instante, Krone quase titubeou e desceu do cavalo para lhe dirigir a palavra. Só não o fez porque a honraria do momento era muito especial e inédita em sua vida. Ali, percebeu quão importante seria tornar-se o rei que sonhava ser desde a época de menino. A postura de herói vencedor e a expressão fisionômica de um guerreiro em vias de tombar pela exaustão em nome de um ideal de sua gente foram fatores preponderantes para causar tão entusiástica ovação, valorizada, ainda mais, pela quantidade de objetos e produtos subtraídos do alheio, bem como pelas pessoas que foram feitas escravas com a finalidade de reforçar a mão de obra em suas lavouras.

Quando Surgat precisava ir ter com o governador Krauser por um motivo qualquer em sua residência luxuosa, sempre passava algumas horas se imergindo nas profundezas do talvegue, onde mergulhava para tentar dissipar as incrustações de sua pele, a fim de melhorar o aspecto, de modo a causar boa impressão na atraente Irmgard. Tudo nunca passou de uma mera e impensada tentativa de aproximação que alimentou não em função de uma atração física, dote que ele sabia não possuir, porém redundante de seu ato de heroísmo e do afã contagiante das massas que a impulsionaram a admirá-lo, não como o príncipe legendário das sagas de Voinich, mas como valente guardião, atrás do qual poderia escudar-se diante do perigo; entretanto, isso foi o bastante para que jamais a esquecesse. No íntimo, enchia-se de esperanças e imaginava que, talvez, quando se transformasse em rei, seu próprio pai pudesse oferecê-la para que a desposasse, visando à formação de alguma aliança de poder.

– Ah, ah! – interrompido do devaneio que se restringia a banalidades naquele instante, Sete Portas passou o dorso da mão direita sobre os lábios e puxou a porção de cuspe segregada, espalhando-a por cima da vasta barba antes de se levantar.

– Chegamos, chefe! – avisou-o Werther.
– Chegamos aonde?
– A Bayonne!
– Ba o quê?
– Bayonne, amigo, conforme tínhamos combinado.
– Ah! É mesmo!

Quando o tiravam do transe do sono para o cumprimento das atividades diárias, o gigante sempre precisava de algum tempinho para se ajustar à realidade.

– O que desejas que façamos? – perguntou-lhe Heinz, que naquele intervalo havia chegado para somar-se a Werther.

– Huum! Ah, Ah! Sim! O que quero que façam? – tornou, esforçando-se para abrir de vez os olhos remelentos.

Surgat dirigiu-se à tina utilizada para a higienização coletiva e, obedecendo ao cotidiano ritual, enfiou o rosto na estagnada, fétida e imunda água nela contida. Depois de haver se livrado daquela mucosidade, raspando os cílios com a ponta da unha suja do dedo indicador, caminhou até a ré da embarcação, onde se achavam deitadas, em pilhas, várias pipas para a reserva de vinho. Tirou o fecho de uma delas e, deitando-a em direção à boca, deixou que lhe escorresse pela garganta o "néctar" do revigoramento dos deuses, contado e cantado pelos antigos escaldos de Escânia.

– Há! Huum! Que delícia! Que coisa boa! – ia tecendo elogios à bebida a cada entornada ingerida. – Agora podemos conversar! Vês por entre os arvoredos lá na subida daquela colina a ponta de uma torre? – indagou mostrando com o dedo o alvo que desejava.

– Sim, chefe! – respondeu Heinz.

– É lá que quero chegar!

– E o que há de tão importante naquele lugar? – perguntou.

– Vinho! Muito vinho de primeira que dizem ser superior aos encontrados na região de Borgonha! – esclareceu com a boca cheia d'água. – Trata-se de um mosteiro de produção famosa. Fiquei sabendo que são os principais fornecedores das tabernas de Paris e quiçá da própria Igreja Católica. Lá os monges não vivem uma vida contemplativa como ocorre em outras sociedades monásticas; pelo contrário, têm uma vida voltada para o trabalho, igualando-se aos grandes castelos que, por trás das muralhas, são autênticos formigueiros ocupados com diversas atividades. O que os distingue dos feudos é o fato de não possuírem guarnições militares, por isso não teremos muito com que nos preocupar. São homens frágeis, prendados nos intricados serviços de entalhamento em madeira, no fabrico do vidro, na trançagem que gera os tecidos e até produzem uma bebida chamada cerveja que dizem ser de excelente qualidade.

– O chefe quer que usemos as carapuças de animais para surpreendê-los? – interrogou Heinz.

– Não! Esses são religiosos diferenciados. Estudam muito quando em recolhimento e não se assustariam pelo apresentar das carrancas. Vamos chegar a cavalo, tanto para vencermos com menor dificuldade as trilhas em aclive como para facilitar o transporte dos barris que deles iremos tomar.

O albergue pertencia a uma difundida Ordem de raízes beneditinas e, além da faina em que os monges se envolviam, dedicavam também um mínimo de oito horas diárias às orações em cumprimento aos votos de adoração.

À noite, recolhiam-se às suas celas sem nenhum conforto material, deitando-se em leitos toscos, não sem antes tomarem conhecimento das coisas santas pela leitura obrigatória dos livros indicados por um poder central de onde partiam todas as regras a serem cumpridas, ou sem procederem às preces noturnas que, em determinadas épocas, também eram feitas ao longo da madrugada.

Para Krone, nada disso interessava. Sua cultura era diferente. Tinha instinto agressivo e aguerrido, portanto não iria comover-se ou deixar-se levar por esses pacatos valores.

Munida de machados, cordas, facas, espadas e escadas para a transposição dos muros, uma parcela do bando designou-se às ações do acometimento.

Com muita cautela, Werther acostou o *drakkar* nas proximidades de um trecho raso do mar, de maneira que os homens pudessem descer, por meio de rampas, puxando seus cavalos pelas rédeas e com a água um pouco acima da linha da cintura, indo alcançar as areias, por trás das quais se encontrava uma clareira, onde tinha início a vereda que levava até as fortificações que serviam de abrigo, retiro e lugar de meditações para os visados ascetas. À frente do grupo, Krone ia instigando seus paladares por meio de menções qualificativas a respeito do principal produto que lhe interessava apropriar. O líder queria e precisava agir, sem perda de tempo, pois o sol já começava a incidir fracamente sobre aquele lado dos montes, dos quais a sombra já alcançava boa parte da praia e não tardaria a cobri-la por completo.

Sem provocar tropel no caminhar dos animais, ajeitaram-se em fila dupla e, aos poucos, como se o verde das matas estivesse a engoli-los, foram desaparecendo das vistas dos companheiros que ficaram fundeados em prontidão. Estavam divididos conforme as exigências do momento: no barco, o velho capitão do mar com seus comandados; e, em terra, na companhia de Sete Portas, Heinz com seus melhores assaltantes.

Apesar da beleza e do aroma agradável da imensidão de cachos de uvas agrupados pelas entrelaçadas parreiras cultivadas ao longo da trilha em subida, um preocupante silêncio levava-os a desconfiar de tanta facilidade. Cismados, olhavam para todos os lados tentando encontrar alguém que estivesse à espreita. Ninguém de guarda! Nenhum alarido!...

– Isto aqui está calmo demais, você não acha? – perguntou Surgat ao seu assistente.

– É verdade, chefe! Será que os monges foram embora e deixaram tudo abandonado sem nenhuma explicação?

– Talvez os *rus* (forma como eram chamados os escandinavos de origem sueca que se apoderaram do leste europeu) tenham chegado antes de nós, forçando-os a uma evasão maciça! – propalou Krone.
– É possível, mas só poderemos ter certeza depois de chegarmos lá. Mas que está tudo muito estranho, está! É melhor espalharmos os homens e redobrarmos a vigilância! – lembrou Heinz.
– Faça com que examinem todos os cantos: sob os pés de uva, atrás das moitas, em cima das árvores, no alto das torres, enfim, em todas as partes para nos certificarmos de que não nos prepararam nenhuma emboscada – ordenou Sete Portas enquanto ganhavam chão em direção ao mosteiro.
De repente...
– Oô! – estancaram seus cavalos.
– O que foi? – perguntou Heinz ao chefe.
– Você também ouviu? – retrucou.
– Sim, amigo! Há alguma coisa se mexendo atrás daquela moita.
Heinz levantou o braço direito e, desconfiado de que alguém estivesse à espreita, sinalizou para que seus guerreiros se alertassem. Avançou o cavalo fazendo-o saltar por cima do emaranhado e, ao cair do outro lado, desfez-se todo o mistério.
– O que tem aí? – inquiriu Sete Portas com sua espada posicionada para o ataque.
– Nada demais, chefe! É só uma cobra assustada por causa do barulho causado pelo pisar das montarias! Esses répteis são muito sensíveis aos movimentos e, quando rastejam, captam com muita rapidez as vibrações ao derredor, por mínimas que sejam – explicou.
Surpresos com a irritante paz do lugar, recolheram suas armas e apanharam alguns frutos pendentes entre as inflorescências a fim de acalmar a tensão.
Os vikings gostavam de estar envolvidos nos entreveros. Somente as lutas os entusiasmavam a encontrar os próprios valores. Sem elas, julgavam-se homens estropiados, inúteis, desprestigiados, e aquela serenidade os incomodava.
Avançaram mais um pouco pelo estreito caminho e...
– Aí está o portal que procurávamos – disse Krone. – Ouçam! Ouçam!
Um coro de murmúrios abafados chegava até eles vindo do lado interno por trás dos paredões.
– Rápido, encostem as escadas nas muralhas! – determinou. – Os monges estão ocupados com suas meditações e orações, por isso é que não os víamos ou ouvíamos em lugar nenhum! Vamos entrar sem despertar-lhes a atenção.
Paralelamente ao estratagema armado pelos bárbaros que, a essa altura, já vasculhavam as janelas e portas da habitação cristã transitando

pelo pátio com maciez felina em busca do depósito onde deveriam estar guardadas as barricas do precioso líquido, na capela o superior do monastério principiava a Ladainha dos Santos evocando-os um a um. A cada nome citado, em uníssono os monges saudavam com frases complementares:
— *Kyrie eleison, Christie eleison.*
— *Sancta Maria*
— *Ora pro nobis.*
— *Sancta Dei Genitrix,*
— *Ora pro nobis.*
— *Sancta Virgo Virginum,*
— *Ora pro nobis.*
— *Sancte Michael,*
— *Ora pro nobis,*
— *Sancte Gabriel,*
— *Ora pro nobis...*

A malícia e o faro apurado de Sete Portas fizeram-no descobrir um alçapão nos fundos do prédio, cujo tampo, após ser erguido, exibiu uma escadaria rústica que ia dar em um porão onde o vinho estava estocado.
— Vamos, homens! Ligeiro com isso! — ordenou Heinz aos seus comandados, fazendo-os carregar os tonéis de dois em dois levando-os à base das fortificações, de modo a serem içados por cordames e descidos no lado externo para, depois de recolhidos, serem arrumados sobre o dorso dos animais.

Enquanto as ações eram executadas sorrateiramente, os religiosos continuavam absorvidos pelo ritual:
— *Omnes Sancti Apostile ect Evangeliste,*
— *Ora pro nobis...*
— *Sancta Anastácia,*
— *Ora pro nobis...*
— *Proptius esto Parce, Domine. Ad omni pecat.*
— *Libera nos.*

Antes de retirarem as últimas pipas, Surgat subiu em uma espécie de claraboia da qual pôde ver vários homens encapuzados, com as cabeças abaixadas e os joelhos dobrados ao chão.

No lugar em que estava, o visual era perfeito. Via e não podia ser visto.

O aroma do incenso queimado passou a irritar-lhe as narinas e Sete Portas teve de se segurar para não espirrar:
— Ah! A, a, a, atchim! — deixou vazar um desses surpreendentes comichões, sufocando-o com suas imensas mãos para que não fosse percebido.

No momento em que já transferiam de dono o último dos barris e levavam-no de modo a juntar-se aos demais, aqueles profitentes reclusos começavam uma nova prece *La Salutation Angélique* (Ave-Maria):

*Je vous salue, Marie, pleine de grace, le Seigneur est avec vous, vous êtes bénie entre toutes lês femmes et Jésus, le fruit de vos entrailles, est béni.*

*Sainte Marie, mère de Dieu, priez pour nous, pauvres pécheurs, maintenant et à l'heure de notre mort.*

*Ainsi soit-il.*

A noite já se ocupava de todo o sul francês quando desceram, calma e cautelosamente, de volta à embarcação.

Não acenderam nenhum archote para iluminar o caminho. Para isso, contaram com a perspicácia dos olhos de Hans, o único marinheiro a acompanhá-los nessa jornada.

– Salve, Surgat, nosso Chefe Sete Portas! – reverenciou Werther no momento em que o viu penetrar no areal à beira-mar, trazendo muito vinho, suficiente para uma longa temporada.

Juntaram a carga no barco e, ao som das pás das remadas, afastaram-se daquelas terras, fundindo-se à solidão e à escuridão das frias águas do mar.

## Capítulo 13

## A Surpresa

Em virtude da ausência de variações no percurso do retorno ao solo dinamarquês, a viagem tornou-se monótona.

Os normandos não paravam, senão para vascular alguma ilha em busca de água doce, onde enchiam seus odres e diversos tonéis, muito mais para matar a sede dos animais a bordo do que de si próprios, pois isso resolviam pela ingestão do vinho ou da cerveja apossados durante as incursões promovidas contra os mosteiros, igrejas ou povoados.

De vez em quando, Krone, entediado com o marasmo da rotina, ordenava a alguns remadores, escolhidos à revelia, que lhe cedessem seus lugares de forma que pudesse exercitar-se. O gigante loiro arruivado estava acostumado a movimentar os músculos nas contendas redundantes das confusões acirradas por sua vontade e a inatividade física, quando em seu estado de consciência normal, deixava-o agoniado. As exceções limitavam-se aos momentos em que, pela natural necessidade orgânica ou em razão da embriaguez habitual, estivesse dormindo.

Quando o homem não se ocupava das tarefas de incumbência da marinhagem, obedecendo a um tradicional ritual, encostava-se ao lado dos barris e, como o Noé do Gênesis e do Dilúvio, citado nos Livros Sagrados, que sob o efeito do sumo fermentado das uvas colhidas em suas vinhas se expôs ao ridículo diante de seu filho Cão na grotesca cena em que entrou desnudo na tenda, embebedava-se a ponto de ausentar-se da razão e de esquecer o comando das ações, o qual, nesse caso, passava a ser assumido por seus imediatos hierárquicos.

Ao entregar-se aos prazeres dos efeitos alcoólicos, Surgat, às vezes, passava a agir como um frouxo, incapacitado de erguer a própria espada, pois esvaíam-se-lhes todas as forças, tal qual sucedeu com o "imbatível" Sansão, no relato bíblico, cujas energias desapareceram ao ter os cabelos cortados pela traidora Dalila depois de persuadido a lhe revelar em que parte de seu corpo elas se achavam concentradas dando-lhe tão admirável vigor, ou então assumia atitudes reversas, nas quais se tornava extremamente violento e animado a extravasar a ira reprimida por meio da pronunciada truculência. Nesse caso, ai daquele que se metesse em seu caminho ou o acordasse sem que para isso houvesse uma convincente necessidade ou perigo iminente! Pela ousadia, o infeliz seria atirado ao mar, em qualquer circunstância em que estivesse suas águas, sem que o gigante sentisse a mínima compaixão.

Em uma dessas bebedices, depois de perceber que o estoque anterior já havia acabado, Sete Portas decidiu experimentar o ainda intocado vinho roubado em Bayonne. Tomado pela avidez, abriu o batoque de uma das pipas retirando-lhe a rolha de vedação, levantou-a e, sem perda de tempo, virou o adocicado líquido diretamente na boca, sorvendo-o em exagerada quantidade de modo que escorresse também sobre a fina túnica, manchando o restante da roupa e encharcando a longa barba de forma a torná-la imbuída pelo forte odor do sumo ainda não totalmente curtido. Depois, como de costume, deixou-se pender em profundo entorpecimento.

Houve um instante em que, precisando conhecer as orientações do líder, depois de verificar que já se fazia noite e o homem não acordava, Werther, jogando com a sorte de vê-lo despertar de bom humor, chamou-o quase cochichando:

– Chefe! Chefe!

Não obteve resposta; então, batendo com os dedos sobre seus ombros, ao mesmo tempo em que o chacoalhava, tornou a chamar:

– Chefe! Chefe! – dessa vez erguendo o tom da voz.

Sete Portas mantinha-se imóvel, de cabeça baixa e olhar perdido mirando o fundo da embarcação.

– Ei Heinz, venha cá, depressa!

– O que foi? – perguntou já imaginando problemas.

– Surgat Krone está paralisado – alertou –, não acorda, não pisca nem esboça nenhuma reação!

Naquele instante, todos se voltaram para a imagem do Grande Comandante que se achava sentado, com as pernas estiradas e com os olhos, que já eram salientes, quase a saltar-lhe por entre as pálpebras.

Seus braços descaíam-se pelos lados externos das coxas. No estrado do barco, ao lado esquerdo de Krone, uma pequena barrica deixava vazar pelo orifício destampado um pouco do que ainda restava em seu interior.

Heinz tomou-lhe o pulso e constatou:

– Está morto!

– Mas, como? Um homem tão forte não pode morrer assim de repente! Muito menos estando fora de um combate! – contestou Werther.

– É, mas morreu! O vinho! Deve ter sido o vinho! – concluiu.

Heinz molhou a ponta do dedo indicador sobre a poça da bebida formada junto aos seus pés, cheirou-a procurando identificar alguma pista, depois, cuidadosamente, tocou-a com a extremidade da língua e deduziu:

– É cicuta! Os monges envenenaram o vinho com o sumo dessas fatais plantas pantanosas. Malditos frades! Isso explica a imprevidência que tiveram no mosteiro quando o invadimos. Eles sabiam que estávamos lá! Fingiram não nos ver para que caíssemos na armadilha! As preces que os vimos fazendo eram meros subterfúgios para nos enganar! Essa é a razão de não havermos encontrado ninguém do lado de fora para ao menos tentar nos contestar! O próprio chefe suspeitou de que havia algo de errado no ar, tanto que me recordo de ele ter se referido à ausência de obstáculos diante de nossa chegada. E até desconfiou que os religiosos tivessem sido exterminados por outros grupos de saqueadores que lá pudessem haver chegado, antecipando-se a nós, ou que talvez tivessem desertado para fugir às torturas com que se divertiam. O amigo Krone bem que gostava de punir tais religiosos, porque nutria por eles um desdém odioso e considerava-os corruptores de nossas tradições pelas pregações que faziam em nome de um tal JESUS DE NAZARÉ. Que hipócritas! Diziam-se representantes de uma doutrina difusora do amor ao próximo e, no entanto, tentaram abater-nos a todos, usando de um covarde ardil. Já que se dispunham a matar infringindo seus ditames estatutários, podiam ao menos nos enfrentar em uma luta de igual para igual, como homens que imagino devam ser por trás daquelas batinas! Para isso, bastava que delas se despissem e se assumissem como valentes varões. Não devíamos ter acreditado tanto no favorecimento da sorte. Reconheço que, de nossa parte, faltou-nos perspicácia e sobrou-nos negligência. Se já não estivéssemos tão longe daquele execrável lugar, voltaríamos para dar-lhes uma lição. No mínimo faríamos com que bebessem do seu próprio veneno.

Heinz ordenou que o corpo de Krone fosse retirado dali e estendido no centro do *drakkar*. Werther cerrou-lhe os olhos e quatro dos remadores o ajeitaram junto à base do mastro. Naquele instante, tinha início uma cerimônia muito particular dedicada àqueles que entregavam suas vidas em cumprimento de missões em prol da sociedade viking. Ao redor do cadáver, foram acesas sete tochas para iluminar seu espírito de modo a ajudá-lo a ser encontrado pelas guerreiras de Odin que o conduziriam ao Valhalla. Cada uma das divindades femininas viria recebê-lo em festivo cortejo, agradando-o com sedutoras danças e abundante oferta de alimentos. Ninguém chegaria ao paraíso prometido sem as devidas honrarias, afinal seria o marcante reencontro com as altas personalidades que haviam construído toda a saga escandinava, e Surgat iria juntar-se a eles.

Os fachos de fogo representavam o número de portas abertas pela força que lhe fora ofertada por meio dos deuses. Indicavam também os sete portais de trânsito obrigatório para chegar-se à sala dos tronos, em um dos quais se assentaria ao lado de poderosos reis. Com certeza ali estaria Teodorico, emérito imperador, a quem tributava grande admiração e respeito, em excessiva idolatria aos feitos registrados nos anais de sua existência, cujo comportamento foi profundamente enraizado em sua forma de ser, à exceção da capacidade administrativa e inata do regente e que Krone não havia conseguido desenvolver.

Abaixou-se a vela colorida do *drakkar*, tirando-lhe boa fração para que nela fossem enrolados os objetos de uso pessoal e o que havia restado do líder.

Ali mesmo, no barco, sacrificaram o belo animal que lhe havia servido de montaria nos vários acometimentos ao longo dessa extensa aventura.

Como costumeiramente acontecia a cada retorno ao chegar à aldeia, Sete Portas, agora, ao adentrar a nova morada, seria recepcionado no melhor estilo de destemido guerreiro e teria seu nome ecoando por todos os cantos da rica e ambicionada habitação, onde, até os deuses menores, reconhecendo-lhe a invejável valentia, curvar-se-iam respeitosos à sua passagem.

A noite já se fazia alta e, no céu, as estrelas da constelação de Órion, realçando o brilho intenso de Mintaka, Alnilam e Alnitak – as Três Marias –, abraçadas por Aldebaran, Sírius, Betelgeuse e Rigel, cintilavam alternadamente como se estivessem a indicar que, por entre elas, se achava o caminho que iria conduzir Sete Portas ao reino de Woden; porém, a Lua, em sua fase minguante, agia como se estivesse a fugir da fúnebre cena no barco, depois de haver observado, de sua trajetória, aqueles homens arrojados, em luta contra as próprias emoções, preparando-se para dar o último adeus ao "indestrutível" chefe e companheiro, ao qual confiavam cegamente as decisões de liderança, e após notarem que seu cadáver, pelo tempo que houvera passado despercebido, já começava a mostrar sinais de deterioração interior.

Ainda se encontravam a milhas e milhas distantes do aldeamento em que viviam, por isso Werther achou por bem entregá-lo ao reino das águas, pois, nelas, Krone passara a maior parte de sua existência, participando, desde muito cedo, das ofensivas e dos combates arraigados em sua natureza, estrutura e formação viking.

O corpo de Surgat foi untado com o sangue do animal sacrificado e parte do líquido recolhida em uma *ânfora* (vaso com duas asas), usada para acompanhá-lo no complemento ritualístico. Tal costume tinha a finalidade de servir de chamariz aos deuses associados à guerra, os quais, pela presença e pelo odor que lhe eram característicos, poderiam identificá-lo como homem de pelejas e convocá-lo para o serviço em suas legiões.

Muitos bárbaros dinamarqueses ou de outras nações, segundo criam, por não haverem sido devidamente preparados para a transposição pela morte, acabaram vagando como simples fantasmas ou transformando-se em perversos perturbadores dos vivos e impedidos de encontrar o local destinado ao descanso de seus espíritos, fadando-se a uma situação irreversível e humilhante. Por isso, os vikings de tudo faziam para facilitar-lhes o ingresso no outro mundo, vestindo-os a caráter e munindo-os com atraentes ofertas para agradarem às divindades.

Quando o sol iniciou o alvor dos primeiros raios de um novo dia, Heinz mandou que se apagassem as labaredas, uma vez que o astro rei doravante se incumbiria de substituí-las.

Ao melancólico som do ribombar do tambor de comando do barco, juntaram-se Heinz; Werther; Guermute, o mais antigo remador da banca de ré, e Wurth, o encarregado do leme, para erguerem o corpanzil de Krone e colocá-lo ereto sobre as ondas do mar. Essa honraria reservava-se somente aos *jarls de marinha*[6] que perdessem a vida em batalhas navais ou em qualquer outra atividade, desde que o desfecho ocorresse a bordo de uma de suas embarcações.

Um chefe viking não poderia ser simplesmente atirado nas ondas como costumavam fazer com os marujos não graduados ou com os inimigos abatidos nas lutas corpo a corpo sucedidas em manobras de aproximação.

Sete Portas foi tragado ao fundo do oceano, levando consigo todo o armamento de uso pessoal e os objetos complementares das tradições, cujo peso lhe serviu de âncora até que atingisse o seu novo destino.

Mesmo nas profundezas marítimas, um líder deveria permanecer ereto, transmitindo a ideia de não haver sido vencido, mas chamado pelos deuses para uma importante missão.

Nessas condições, poderia transitar no mundo pelo qual houvera passado quase toda a existência em venturosa movimentação sem ter tido a oportunidade de conhecê-lo interiormente como agora lhe seria permitido fazer antes de ser definitivamente destinado às delícias do Valhalla.

Com ele fizeram descer o imponente cavalo que teve o corpo enxertado com algumas pedras, usadas habitualmente nos lançamentos, objetivando rachar, perfurar e levar a pique os navios de facções adversas.

Era o ano de 926, durante o reinado de Sihtric, que acabava de entregar as terras de York, localizadas em Danelaw, a susserania de Athelstan.

Aos 41 anos de idade, Surgat Krone, cognominado Sete Portas, via sucumbir a possibilidade de realizar o sonho pelo qual lutou a vida inteira: *ser corado o rei dos vikings e obter o reconhecimento de seu povo por meio de uma política ortodoxa que pudesse resgatar todas as tradições culturais e religiosas pertinentes às origens do Estado.*

---

[6]. Os comandantes guerreiros que sempre navegavam no melhor barco da frota, protegidos por uma parede circular formada por vários navios *vikings*, amarrados uns aos outros, em uma espécie de plataforma flutuante.

## Capítulo 14

## A Decepção

Sete Portas havia perdido o tino e seu espírito, estonteado, por lapsos de momentos, conseguia perceber que algo de errado lhe estava acontecendo.

Uma estranha sensação o fazia imaginar-se em alguma dimensão desconhecida; entretanto, articulava-se em evasivas com a intenção de negá-la.

"Talvez eu esteja sedado, sob o efeito do álcool contido nos barriletes", pensou. "Afinal, acho que acabei extrapolando na quantidade ingerida, mas, depois do triunfo de nossas investidas, eu bem que estava merecendo tomar uns goles a mais, e não há nenhum desgaste físico que uma confortável soneca não seja capaz de refazer. Logo esta indisposição haverá de passar."

O líder tentava reconhecer seus méritos para justificar a embriaguez.

Intimamente, consentia estar tendo alucinações e acreditava que logo tudo voltaria à normalidade.

Por momentos, devaneava e conseguia sentir o avanço da embarcação e ouvir, ao longe, em enfraquecido eco, vozes chamando pelo seu nome. Havia uma agitação incomum na forma como o faziam.

– Será que perderam o medo e o respeito por mim? – questionou. – Quem se atreveria a me chamar aos berros sem comedimento das consequências?

Naquela confusão interior, esforçava-se para acordar, mas não conseguia. Quando tentava fazê-lo, seus sentidos desfaleciam e se reconhecia impotente para dominá-los. A cabeça doía muito. O peito e o estômago ardiam-lhe de modo insuportável e, por não encontrar meios de vencer tais distúrbios, entrou em desespero, tomado por uma desordem mental. De repente, diante de si, outro panorama se abriu e Surgat viu-se no fundo do oceano, ao sabor das correntes marítimas e rodeado por um voraz cardume de tubarões que ali se ajuntou atraído pelo odor do sangue da unção que se oferecia em banquete.

– Socorro! Acudam-me! – gritou insistentemente, em estado de pânico, já que, envolto pelas faixas de panos das velas do navio, como se fosse uma múmia egípcia, Krone achava-se impossibilitado de esboçar a menor defesa. Eram muitas as amarras que o prendiam.

O primeiro a ser devorado foi o cavalo e, em questão de minutos, tudo já havia se consumado, restando apenas alguns pedaços de roupas, as armas e os demais instrumentos que o acompanharam no particular ritual.

– O que está me acontecendo? – perguntou a si mesmo. – Como posso estar respirando no fundo do mar? Como é possível ter meu corpo estraçalhado pelas abocanhadas dos tubarões e ainda me manter vivo? Será que enlouqueci? Tudo isto só pode ser mais um daqueles habituais pesadelos que costumo ter! E por que não estou no *drakkar* junto aos meus comandados?

Enquanto Sete Portas se perguntava tentando entender, uma forte vibração, agindo em sua esfera consciencial, falou-lhe:

– Tu morreste.
– O quê?
– Tu morreste – tornou aquela voz.
– Quem está falando comigo? – inquiriu.
– Eu.
– Eu quem?
– O RECOLHEDOR.
– Recolhedor? – interrogou.
– Sim, O RECOLHEDOR DE ALMAS CONDENADAS. É desta forma que sou chamado pelo MAIORAL DAS TREVAS.
– O que tu queres comigo?
– Vou levar-te ao meu chefe.
– Levar-me aonde?
– Logo tu saberás.
– Não estou te entendendo! – externou.
– Veja do que sou capaz!

Nem bem terminou de falar e o guerreiro viking foi transportado, em fração mínima de tempo, para diante de um gigantesco portal, no qual havia um homem de estatura mediana, cujo rosto não se podia ver por estar encoberto por um negro capuz, que trazia o corpo envolto por uma longa capa da mesma cor.

Chegando-se a ele o desconhecido se apresentou:

– Sou O RECOLHEDOR. De agora em diante viverás aqui, por trás destes portões.
– Cadê as valquírias para me receberem com as honras que eu mereço e me conduzirem até Odin?
– Odin?
– Sim, Odin.
– Não existe nenhum Odin.
– Mas aqui não é o Valhalla?

– Ah, estás te referindo ao Palácio de Woden?
– Isso mesmo, amigo!
– Não sou teu amigo e nem amigo de ninguém – protestou. – Apenas estou te tolerando em cumprimento às ordens que recebi. Caso eu não as siga à risca, poderei ser castigado; ademais, é bom que fiques sabendo que tudo o que estás imaginando não passa de uma grande ilusão, uma lenda, uma mentira que tradicionalmente vocês vêm passando de geração para geração sem nenhuma comprovação. Aqui não haverá fartura de alimentos, vida ociosa ou contemplativa, rios dos quais verte o mel, histórias de heróis de teu povo nem bajuladores de reis terrenos.
– Não é possível! Tu deves estar blefando.
– Podes ter certeza de que não – reafirmou em tom de agressividade.
– Que decepção! Mas, se não se trata do abrigo definitivo dos valentes combatentes de Escânia e de todos os nossos antepassados, que lugar é este?
– Aqui é um CAMPO DE CONTENSÃO MAGNÉTICA.
– O que vem a ser isto?
– É um lugar para o qual foste atraído pela lei das semelhanças, em que serás aprisionado, e do qual ninguém jamais conseguiu escapar, senão pelo método expurgatório consciencial, destinado às pessoas cujo instinto, insensibilidade e acúmulo de imperfeições se assemelham ao nosso jeito de ser.
– Não quero mais ficar aqui. Leva-me de volta ao meu barco. Meus homens estão precisando de mim, afinal sou eu quem dá a palavra final em quaisquer decisões do meu exército – exigiu de forma imperiosa.
– Cala a boca e obedece-me! – ordenou. – Já te disse que estás morto. Não tens mais nenhum vínculo com aquele bando de idiotas e teu corpo já virou alimento devorado por tubarões que deixaram poucos sobejos para os peixes e os crustáceos se divertirem.
– Então como se explica eu tê-lo perfeito tal como sempre foi?
– O que carregas agora é uma forma plasmada.
– O que é isso?
– Lá dentro saberás.
– Já te disse que não quero permanecer aqui – repetiu.
– Ah é! Então observe!
O RECOLHEDOR fez um rápido gesto jogando sua capa para trás e, de imediato, Krone viu suas formas começarem a desfazer-se.
– Pare, por favor! – clamou.
– Agora acreditas?
– Sim, senhor RECOLHEDOR.
– Assim está bem melhor! Já vi que vamos acabar nos entendendo – disse-lhe o cicerone que, a seguir, gesticulou de maneira inversa, reconstituindo-lhe o que faltava do corpo duplo-etérico.

– Queres dizer que não estou sonhando, que esta é uma situação verdadeira?

– Claro que sim, idiota, ou achas que eu estaria aqui perdendo meu precioso tempo, brincando de ilusionista, quando há tantos de tua laia esperando-me para serem localizados e arrebatados aos setores que lhes estão destinados?

– Sendo assim, não há mais esperanças de que eu venha a tornar-me um rei?

– Rei? Rei de quê?

– De minha nação, ora essa!

– Tu não tens mais pátria alguma. Agora, és um nada. Esse desejo desaparecerá em pouco tempo, quando conheceres a nova trilha que te está preparada para seguir. Aqui não serás rei, príncipe, conde ou qualquer outro título que queiras angariar. Serás apenas escravo e nada mais. Escravo do MAIORAL, escravo de seus subalternos e escravo de tua própria consciência.

– Jamais me curvarei a quem quer que seja, pois, para mim, o MAIORAL é um só: o deus dos deuses, senhor da guerra e das vitórias – o incomparável e poderoso ODIN.

– Já que continuas arredio, não crês em minha palavra e não te libertas de tuas lendas, então me acompanhe.

Naquele instante, ouviu-se um forte estalo seguido de tétrico rangido.

O alto portal, de forma inacreditável, sem ninguém aparentemente a impulsioná-lo, lentamente principiou a se abrir.

Logo na entrada, depararam-se com alguns seres disformes que expeliam vermes por suas bocas, uivavam, gemiam e rangiam os dentes com tamanha fúria que, pela vibração de seus lamentos, provocavam tremores e temores, assustando aos internos recém-chegados quando os viam ou ouviam perambulando pelas extensões daquele lugar. Tinham um hálito insuportável, rastejavam pelo chão e seus olhares emitiam reflexos de fogo alimentado pelo ódio e pelo sofrimento.

"Isto aqui é o inferno apregoado pelos cristãos!", concluiu em pensamento, temeroso de que suas palavras pudessem deixar o RECOLHEDOR mais agressivo.

– O que foi? – interrompeu o enigmático guia.

– O que foi, o quê?

– Isso que tu pensaste sobre o inferno.

– Eu pensei?

– É lógico que sim, também posso captar e interpretar tuas ondas mentais.

– Tu és um deus?

– Não, mas aqui aprendemos a desenvolver certos poderes à medida que se tornem necessários.

– E quem te confere essa capacidade?
– O MAIORAL, e, como já te disse, vou levar-te até ele.

Entraram em uma espécie de alameda ladeada por fétidos arvoredos, dentre os quais alguns apresentavam marcas de mordeduras nos caules, efeito do recurso utilizado por outros *recolhidos,* vítimas das doenças mentais impostas pelo MAIORAL; estas os faziam julgar-se transformados em cães ou lobos, de modos tal que, ali, afiavam seus caninos, cujo crescimento era permanente e precisavam ser constantemente desgastados para que não se sufocassem. Mais adiante, um castelo tenebroso, coberto de heras se exibia completando a paisagem frontal.

Ao chegarem à entrada principal, o RECOLHEDOR exigiu:

– Mantém-te de cabeça baixa. Não tentes olhá-lo nos olhos, pois tal afronta poderá trazer-te consequências irreparáveis.

– E por quê?

– Porque ele não admite que seus escravos o olhem diretamente sem sua autorização e toma tal ousadia como um desafio imperdoável. Portanto, procura manter uma postura adequada e nada te acontecerá. O MAIORAL costuma ser intransigente e se impõe pela soberba de seu poder, o qual diz só não se equiparar ao do REBELADO GÊNIO INSPIRADOR ou ao DELE (sem pronunciar o nome, apontou o indicador direito para cima, fazendo referência a DEUS).

– Por que ages dessa forma e não lhe dizes o nome?

– Porque aqui neste sistema prisional de níveis que vão do martírio por tempo indefinido para aqueles que assim forem condenados por causa da incorrigibilidade, até os limites em que, pelos trâmites ascensionais, conquistem suas saídas, é proibido fazer menções a seu respeito (tornou a mostrar de quem estava falando, utilizando o mesmo gesto), por meio da palavra. Poder, neste lugar, só se considera o do MAIORAL e o daqueles aos quais outorga, por bel-prazer, pelo tempo que lhe convier e nas limitações que o interessar, apenas para que possam servi-lo a contento. É por isso que faço o que faço contigo! – advertiu.

"Estou perdido!", lamentou mentalmente.

– Isso só depende de ti! – observou O RECOLHEDOR, que tinha apurada sensibilidade telepática que o permitiu ler o seu pensamento.

## Capítulo 15

## O Retorno

Quando o barco já se aproximava do local em que deveria aportar, alheia aos acontecimentos, a população da tribo de Surgat o esperava, tomada pela euforia de sempre.

Era uma reação espontânea e costumeira, visto que sua chegada representava fartura e segurança para todos.

Krone apresentava-se como um superior comandante de milícias que se impunha por sua postura agigantada e pelo sucesso em todos os acometimentos que se propunha realizar.

Os vikings, na ausência de Surgart, sentiam-se desprotegidos, principalmente nas ocasiões em que, por causa da falta de guerreiros ativos na aldeia, aproveitando-se do fato de estarem os demais ocupados em aventuras voltadas para as invasões, ou em viagens destinadas ao mercantilismo dos excessos de produtos subtraídos ou manufaturados por eles mesmos, gerados no setor agropecuário, os bárbaros de nações estranhas, consideradas hordas inimigas, em uma espécie de concorrência desleal, usurpavam-lhes e os amedrontavam, levando suas mulheres e crianças para trocá-las por resgates, assim como carregavam os seus bens, os alimentos e destruíam-lhes as casas deixando atrás de si um rastro de desolação. Por isso, aquelas manifestações de alegria sempre se repetiam a cada retorno.

A empreitada ao Sul da França e ao Norte da Espanha já sucedia, de modo imprevisto, há mais de seis meses sem que houvesse nenhuma notícia do audacioso grupo que a compunha. À vista da situação, todos se mostravam saudosos e ansiosos para os reencontrar. Desta feita, em uma torre de vigia erguida ao lado do portão principal do ajuntamento, um dos homens permanecia alerta para denunciar tudo o que pudesse ser avistável na imensidão do mar.

Após muitos dias de espera, finalmente o espia anunciou:

– São eles! Aí vêm eles!

– Viva o poderoso Sete Portas! Viva Werther! Viva Heinz! – gritou um ancião em um esforço ímpar para instigar a multidão.

– Viva! – saudaram-nos aqueles compatriotas que aos poucos se ajuntaram, engrossando a aglomeração.

Em seus rostos estampavam a esperança de que, com eles, viriam melhores dias. A emoção foi quase geral e, por isso, conforme o navio avançava em direção a terra deixando à mostra o delineamento de suas formas tradicionais, iam certificando-se, cada vez mais, de que se tratava realmente dos homens de Sete Portas. Assim, o alardeio os estimulou a gritar incessantemente por seus nomes, até que alguém, cheio de convicção, resolveu interromper o ato festivo da recepção.

– Problemas! Problemas! Temos sérios problemas com os nossos marinheiros. Há remos cruzados na popa e levantados para os céus! É a senha da morte a bordo – observou.

De imediato, fez-se um silêncio total. Se o alerta não tivesse partido de Sweyn, o velho marujo que desde os tempos em que Krone era criança aguentava suas azucrinações, tendo de ensiná-lo todos os segredos da navegação, certamente seria difícil acreditar naquela afirmação.

Com o emudecer geral, os vikings voltaram seus olhares para as velas bicolores, notando que haviam sido recortadas, e não mais tiveram dúvidas.

Em algumas mulheres e em certos homens se via a tristeza estampada em olhos marejados de lágrimas. Apesar da agressividade natural dos frutos de Escânia, aquele povo alimentava um forte sentimento pelas famílias, e todos os que tinham parentes engajados nas tarefas junto à embarcação não conseguiram esconder o ar de preocupação.

Os únicos ruídos ouvidos, doravante, eram os do tombar das ondas, o canto harmonioso das aves marinhas e o melancólico bater, de pancada única, indicativos da dor pelo luto, emitida pelo tambor do *drakkar* que acontecia em intervalos cadenciados.

Já em águas de desembarque, Werther e Heinz foram os primeiros a deixar a embarcação pensando em levar a notícia da sina de Surgat Krone ao grande Líder Krauser.

Em terra, representando toda a comunidade, Hermann – o sacerdote – colocou-os a par de toda a situação, comunicando-lhes que, por vontade irrevogável do Eminente Governador antes de morrer, Sete Portas deveria assumir o seu lugar.

– Isso não será possível, senhor – disse Werther com o semblante entristecido. – Infelizmente as notícias não são nada boas, porque o amigo Surgat já se encontra no gozo do Valhalla.

– Morreu em combate? – interrogou.

– Não, senhor. Sete Portas foi envenenado.

– Aconteceu algum motim a bordo?

– Não, senhor. Foi apenas uma fatalidade, pois bebeu o vinho que conseguimos em um mosteiro de Bayonne em cumprimento à sua própria ordem e vontade. Por muita sorte nossos marinheiros não o experimentaram também, senão teríamos muito mais baixas.

– O que continha esse maldito vinho?
– Cicuta, senhor. Cicuta da mais eficaz.
– Onde está a carga que o vitimou?
– Está no navio. Nós a trouxemos como meio de comprovação.
– E o que fizeram com o seu corpo?
– Entregamos ao mar, senhor, pois não tínhamos como trazê-lo porque já estava exalando o mau cheiro da carne e não dispúnhamos de substâncias conservantes para embalsamá-lo.
– Onde isso aconteceu?
– Na região de Brest, ao extremo noroeste da França, próximo à entrada do Canal da Mancha. Cumprimos as regras determinadas por nossas tradições e o fizemos submergir no melhor estilo de um bravo guerreiro, com todas as honras que lhe eram de merecimento.
– Waychman também já deixou este mundo. Talvez os dois já tenham se encontrado na morada dos heróis.
– Certamente, senhor.
– Diante dos acontecimentos, teremos de reunir o Conselho para dar solução à questão do governo tribal, pois, interinamente, venho acumulando suas responsabilidades desde que o venerável Krauser cerrou os olhos para esta existência e, desta feita, não se justifica que eu me mantenha na liderança, mesmo porque, como sacerdote, tenho as mãos atadas para tomar certas decisões pertinentes à função.

Em uma assembleia, constituída por vários anciãos e experientes *boendr*, *jarls* e *bóndis*, que se ajuntou em caráter de urgência, deliberou-se que o próprio Werther fosse designado para o comando, uma vez que tinha um histórico de vida respeitável e reunia elementos mais do que suficientes para merecê-lo.

Heinz foi nomeado para o exercício do controle geral das ações militares, tal qual acontecia com Krone ao assumir o lugar-tenente de Krauser.

A fortuna acumulada por Sete Portas foi revertida em benefício da comunidade, já que, por não haver se casado, o gigante acabou não deixando nenhum legatário, principalmente porque entre os vikings as heranças sempre eram da competência de seus primogênitos.

Com o passar dos anos, as extensões da aldeia foram ampliadas por meio de associações com os limites de outros chefes bárbaros, constituindo-se em um médio reino, cujo crescimento foi constante, a ponto de integrar-se com as alianças cristãs que lhes amainaram o ímpeto, fazendo-os se estabelecerem nos lugares onde antes saqueavam, em uma grande demonstração de capacidade adaptativa em que se tornaram grandes agricultores e defensores dessas terras, totalmente integrados aos costumes e à língua das regiões adotadas.

Surgat Krone, o filho de Donien e de Waychman, detentor do epíteto que o denominou o bravo SETE PORTAS, transformou-se em uma lenda-viva, retratada nos *flokkrs*[7] e nos *drappas*[8], a qual se repercutiu, ao longo de várias gerações, nos emocionantes contos épicos (sagas), transmitidos ao seu povo, pelo expressivo talento de seus poetas.

---

7. Poema curto e simples.
8. Poema longo feito para os reis.

## Capítulo 16

## As Orientações do Recolhedor

Conservando-se em absoluto silêncio, Sete Portas seguia em companhia do RECOLHEDOR.

Após vencerem os pórticos do horripilante palácio, entraram por um extenso túnel que lhe pareceu interminável. Quanto mais avançavam, mais escuro se tornava. Por vezes, via-se um fraco lampejar avermelhado que invadia o caminho, trazendo consigo uma forte onda de calor que liberava um odor desagradável.

Estranhando o tempo que já havia sido consumido sem que chegassem a lugar algum e depois de notar que o interior da fortaleza não apresentava nenhuma porta, à exceção da principal, nem janelas ou repartições interiores, Krone não se conteve e ousou perguntar:

– Onde estão as divisões deste prédio?

– Que prédio? – tornou o interrogado.

– Este, ora! Aqui não deveria ser o interior do castelo que adentramos ainda há pouco?

– Castelo? Não há nenhum castelo. Estamos percorrendo a via que nos levará à sala de audiências e julgamentos em que o MAIORAL nos espera. O que avistaste não passa de uma ilusão projetada pela ação do teu hipocampo cerebral em desajuste.

– Mas me pareceu tão real! Cheguei a pensar que fosse o Valhalla.

– Já te disse que não existe o tal Valhalla. Aqui as Leis são verdadeiras, imutáveis e infalíveis.

– E quem será julgado?

– Tu.

– Eu?

– Sim, tu mesmo.

– Mas por que tenho de ser julgado em vez de ser reconhecido?

– Porque é a Lei. Nunca ouviste falar na Lei do Carma?

– Carma? O que é isso?

– É o conjunto de ações dos homens, com todas as suas consequências, que tem ligação direta com a passagem de suas almas de um corpo

para outro por meio de um processo que se chama transmigração. É por intermédio dele que se definem as noções de destino e do desejo como força geradora da sucessão de fatos que podem, ou não, ocorrer, dependendo da forma como o indivíduo evolui, nas várias reencarnações por que passa.
— Não acredito que isso seja possível! — exclamou o viking, completando, em ato contínuo: — Quem morre não pode renascer, pois seu espírito se encaminha apenas por um destes desígnios: ou vai direto para o paraíso dos deuses, ou se torna uma alma errante e esquecida por toda a eternidade.
— Estás equivocado, imbecil! — rebateu o RECOLHEDOR demonstrando conhecer com profundidade a aplicação de todo esse processo. — Todos os seres criados por ELE (apontou novamente o dedo indicador para cima) nascem e renascem em um novo corpo material, tantas quantas forem as vezes necessárias, cada qual ao seu tempo e da maneira que for determinada pela LEI NATURAL DO RESGATE CÁRMICO, até que venham a atingir o grau de merecimento adequado para que não precisem mais estar ligados à carne. E tudo isso acontece, infalivelmente, em decorrência do livre-arbítrio de cada indivíduo.
— Há quanto tempo estás neste lugar? — inquiriu cheio de curiosidade o homem dos mares que, a cada passo adiante, tomado pela expectativa, ficava mais preocupado com a desdita que lhe poderia lançar o MAIORAL no momento do veredicto.
— Há algumas centenas de anos, por quê?
— Por nada não! — respondeu temeroso de que o RECOLHEDOR o admoestasse ou lhe impingisse outro castigo, já que, na explicação anterior, havia sido por ele insultado, quando o depreciou ao chamá-lo de imbecil.
— Fala logo, homem! Sei que imaginas que eu vá te castigar e, por isso, engoliste as palavras. Continua! Já estamos quase chegando aos pés do MAIORAL e daqui em diante minha autonomia se acaba; assim, toda e qualquer decisão que se deva tomar, doravante passará para a exclusiva competência dele.
— É que, mediante a tua resposta, concluí que não terei o direito à oportunidade de sair daqui tão cedo, uma vez que nem com todo o grande conhecimento que demonstras ter sobre o procedimento a ser tomado por todos nós no trânsito que nos encaminha à redenção, ainda não obtiveste a chance de evoluir; então, o que será de mim, um recém-chegado, incluído contra a vontade e que jamais se inteirou dessa nova realidade?
— É aí que entra o sistema de cobrança cármica — lembrou. — Cada elemento tem uma bagagem diferenciada a ser resgatada, ademais, tudo é necessário, até a existência do REI DAS TREVAS ou do PRÍNCIPE, o ANJO DECAÍDO, para que sirva de parâmetro na avaliação do bem e do mal. É dessa forma que ELE (tornou ao gesto habitual) se mantém SUPERIOR, causando-nos, nesta região de acolhimento de seres com

vibrações afins, um "quê" de inconformismo por não conseguirmos nos nivelar ao Seu imenso poder. Um exemplo disso está nos antigos escritos dos profetas, que relatam as provas pelas quais Jó teve de passar, perdendo todos os seus bens e sendo infestado de tumores malignos que iam desde a planta dos pés até ao alto da cabeça, causando-lhe dores insuportáveis, as quais tentava amenizar sentando sobre cinzas e raspando-lhes com cacos, na tentativa de extirpá-los do corpo, tendo, com isso, sua fé testada por ELE (novo apontamento), em um pacto com o Satanás a fim de conhecerem seus limites e a qual dos dois iria seguir. Relatam ainda que, a princípio, Jó chegou a amaldiçoá-Lo, mas, depois de conhecer a verdade e de ser por ELE (outra vez o mesmo movimento) alumiado, reconheceu-se ignorante e redimiu-se para finalmente alcançar a almejada glória.

– Como podes estar aqui, se tens plena ciência do teu direito de modificar as coisas tomando outro rumo? – interrogou o bárbaro.

– Eis uma boa pergunta! – apreciou. – Fiz a opção inversa à de Jó, entregando-me aos caminhos da iniquidade e desenvolvendo os vícios que contribuem para os desajustamentos de nossas almas, aos quais nos tornamos arraigados, comprometendo a nossa destinação pós-sepultura.

– E que vícios são esses?

– Eles são muitos, mas alguns deles se refletem como agravantes em nossas penalizações, tais como: a prepotência, a luxúria, a crueldade, a inveja, a avareza, o ciúme e outros mais que, ao final, enchem de mazelas os nossos espíritos, tornando-os difíceis de serem purificados. Já fui contemplado com algumas chagas, tal qual o próprio Jó, mas não compreendi seus sentidos, o que serviu para acirrar-me o ódio, com todos os seus licenciosos efeitos, levando-me a provocar, em atos reincidentes, como curandeiro e médico que fui nas encarnações que me foram outorgadas no passado mais próximo, muitos abortos em mulheres desavisadas; constituiu-se entre mim e ELE (volveu o dedo que apontava para o peito direcionando-o aos céus) a maior de todas as barreiras que um ser por ELE (repetiu) gerado pode erguer à frente da escalada de sua própria evolução espiritual. Por isso, é mais fácil tu, que és um matador nato, oprimido pela ganância do poder dos bens materiais e apreciador da injustiça, livrar-te da desventura de estar imantado por este Campo Magnético de Detenção, onde se alimenta o sofrimento atroz, do que eu, pois, conforme já te disse, cada um tem seu próprio fardo para carregar e este não se iguala na individualidade, e é imposto de acordo com a dívida cármica adquirida.

– Em que se diferencia o crime de matar jovens e adultos com o de matar crianças se, no final, suas sinas são idênticas? – inquiriu Sete Portas, apertando a vasta barba que o acompanhou na composição do corpo perispiritual, demonstrando intensa excitação, já que haviam chegado ao fim do túnel por onde entravam gritos de horror resultantes do inconformismo manifestado pelos condenados, mediante cada uma das sentenças, que no imenso salão, logo adiante, eram proferidas pelo MAIORAL.

— Alguém que traga em si o entendimento da própria existência, tenha respirado o hálito universal, tenha sido energizado pelo fulgor do sol do mundo e conhecido a força da natureza, ainda que inconscientemente, já desenvolveu em si o instinto de sobrevivência e luta por sua preservação, mesmo em condições de inferioridade, porque possui uma consciência atuante. Quando a vida desse alguém é ceifada, entende-se o que houve como uma afronta ao decálogo que ELE (dessa vez levantou o polegar para indicá-lo) fez chegar às mãos de Moiséis, no Monte Sinai, mostrando-lhe as regras a serem seguidas para o bom entendimento entre ELE mesmo (repetiu) e os remanescentes do êxodo hebreu, escrevendo-o com fogo nas tábuas sagradas do testemunho, entre as quais se destacava a determinação que trazia a seguinte ordem: "Não matarás". Considera-se sempre que o indivíduo encarnado tenha cumprido seu tempo, ainda que com brevidade. Porém, quando se elimina do mundo um ser que sequer tenha tido a oportunidade de nascer, ter-se-á impedido não somente o cumprimento de um planejamento dos Planos Superiores dos Senhores da Vida, mas também daquele que o gerou: ELE. (Levantou as mãos em paralelo para fortalecer a ideia do poder de DEUS.) Nós, os abortadores, não temos nenhuma força que nos proteja. A compaixão não nos alcança e nossos algozes, ao chegarmos a este plano da inferioridade, torturam-nos a ponto de deixar-nos completamente transfigurados.

— Posso interromper-te por um instante? – perguntou Sete Portas de modo solícito.

— E por quê...?

— Para que me digas se essa é a razão de usares esse capuz encobrindo tua cabeça!

— Isso mesmo! Quando consegui escapar de tão agressivas mãos, eu já estava alquebrado, esfarrapado e deformado.

— Onde foi que te atacaram?

— Foi lá na zona dos pântanos, onde o fedor do metano se sublima, ininterruptamente, vazando da lama apodrecida feita de substâncias corrosivas, com a qual eles, em grandes bandos, me cobriram. Usaram uma quantidade excessiva daquelas impurezas, fazendo com que demudasse minhas feições e boa parte do meu corpo.

— O que fazias por lá? – indagou o dinamarquês, com um desejo irreprimível de saber, antecipadamente, o que haveria de encontrar naquele lugar medonho em que se achavam.

— Eu cumpria o meu tempo de desintoxicação das repugnâncias fluídicas que carregava em meu espírito, criadas por minha mente desgovernada e envenenada por energias deletérias, provenientes de minhas atitudes quando encarnado, pois, tal qual a vigilância pode imunizar dos tormentos aqueles que a praticam, o lodo daqueles escuros alagados, se aplicado nas doses certas, é capaz de absorver essas impurezas e trazer um certo conforto e o reequilíbrio de nossas funções. Isso é, mais ou menos, o que se faz quando queremos nos livrar de um abscesso que nos tortura causando lancinantes dores. Necessitamos espremê-lo para que nos libertemos de seus purulentos carnegões.

– Foi o tal de MAIORAL que te designou para lá?

– Primeiramente fui eu mesmo, que, pela Lei da Atração, na qual semelhante atrai semelhante, me fiz merecedor daquele nível espiritual, e depois, o MAIORAL, em sua avaliação, sentenciou-me para esse cumprimento.

– Se foste capaz de fugir de lá, por que não foges deste Sistema também?

– Esta é uma alternativa que jamais se deve cogitar. Aqueles que assim o tentaram, hoje em dia se acham em estado letárgico, do qual somente acordarão no dia em que o MAIORAL decidir e pode ser que essa resolução venha a demorar alguns dias ou milhares de anos, dependendo do seu interesse. Normalmente, quando o faz, usa-os apenas para sugar-lhes a energia vital de que possa necessitar ou distribuir aos seus assessores. As situações caracterizadas como agravantes, nesses casos, levam-no a chafurdá-los nos charcos e guardá-los em suas áreas mais profundas, até que haja uma segunda necessidade. Daqui, só se consegue sair por interferência das Forças Superiores, diretamente subordinadas a ELE (gesticulou como de costume) ou aos seus Anjos, Orixás, Espíritos Santificados ou Mentores Especializados.

– Por que dizes não ser amigo de ninguém se me dás tantas informações que me podem ser úteis durante minha estada nesta clausura?

– Primeiramente, porque o não-envolvimento com os que desencarnam em débito provém de ordem Superior, e ordens são ordens! Não as discuto, apenas procuro cumpri-las. Por esse motivo fui elevado ao posto de RECOLHEDOR, recebendo todos estes poderes que já experimentaste. Em segundo lugar, os informes que tenho te passado se justificam, porque, assim que te requisitei, verifiquei tratar-se de uma de minhas vítimas do passado, pois como centurião que também já havia sido, na Roma antiga, em mais uma das diversas oportunidades que obtive para reencarnar, surrei tua mãe que estava grávida de cinco meses, fazendo-a abortar-te, e tudo aconteceu porque eu queria demonstrar minha fidelidade ao imperador que não admitia complacência com nenhuma de suas escravas. Foram 80 chibatadas, aplicadas sem piedade, a maioria em sua protuberância ventral.

– E aqueles seres disformes pelos quais passamos logo ao adentrarmos o portal são reais, ou vais me dizer que também são frutos de minha mente perturbada?!

– Não, eles são mesmo verdadeiros e lá estão para servirem de amostra aos espíritos recém-chegados que entram por aquele setor do Sistema, a fim de que saibam o que os espera, dali em diante.

– E existem outros meios de se chegar até aqui?
– Sim, são várias as entradas, e cada uma delas corresponde a um grupo de modalidades faltosas diferentes, sendo que a forma mais eficiente de atingir-se este, que é um dos setores mais profundos do umbral, é pelos escolhos da imperfeição espiritual.
– Quer dizer que...
– Psiu! Fica quieto! – interrompeu o RECOLHEDOR levando o indicador à frente do nariz que continuava encoberto pelo capuz. – Não me perguntes nem digas mais nada. Mantém-te na postura que te orientei porque, logo, logo, depois de passarmos pelo ENCARREGADO DOS REGISTROS, enfrentarás o teu julgamento, no qual as mínimas infrações podem agravar as penalizações, e o MAIORAL, assistido por seus ministros, em sentença inapelável, sacramentará o teu destino, encaminhando-te para um dos muitos departamentos de expurgos pelo sofrimento existentes neste, que é o seu reino, e onde não há revogações, não se conhece o perdão tampouco a tolerância. Seja bem-vindo ao INFERNO DE LÚCIFER (o Anjo Decaído).

## Capítulo 17

## O Julgamento

As audiências transcorriam céleres, pois milhares de almas absorvidas àquele cárcere em razão das frequências vibratórias de emanações negativas que carregavam em suas enegrecidas auras e nos seus corpos mentais chegavam, continuamente, todas acompanhadas de outros RECOLHEDORES responsáveis pelos mais variados setores do Sistema e se enfileiravam nos corredores que levavam ao gigantesco salão com cobertura hemisférica e opaca. Não havia nenhuma abertura para a entrada do ar, tampouco nenhum vitral que permitisse passar a visão exterior, mas somente a luz avermelhada que do alto da cúpula clareava o local e as antessalas pelas quais os espíritos a serem julgados passavam em triagem, antes de chegar à frente do temido magistrado.

As ligações de acesso ao tribunal não podiam ser transpostas sem que se desativassem os campos magnéticos que as protegiam, onde as correntes energéticas tinham um potencial tamanho; além das incuráveis queimaduras causadas nos incrédulos transgressores, às vezes lhes destruíam também a capacidade de pensar, transformando-os em apalermados, sem oportunidades ou utilidade. Nesses casos, eram destinados aos caminhos que ladeavam o grande portal, o qual, de modo obscuro para os estranhos, se abria por meio de um reconhecimento automático de certos componentes químicos e caloríficos implantados nos corpos dos RECOLHEDORES, ou então, sem nenhuma complacência, levavam-nos para as profundezas das estagnações pantanosas.

Os guardiões do auditório incumbiam-se de neutralizar esses caminhos de intermediação, à medida que, de posse das relações fornecidas pelos ANOTADORES (da seleção), o ANUNCIADOR procedia à chamada dos nomes daqueles que seriam submetidos ao crivo do MAIORAL (denominação atribuída aos GOVERNANTES de cada um dos ínferos domínios do reino de Sua Alteza – o Príncipe das Trevas).

Era terrivelmente impressionante a figura do juiz. Talvez, para demonstrar quanto tinha de poder e para intimidar seus interrogados, BEELZEBUTH (assim se chamava o mandatário daquela região) ia trocando de aparência, metamorfoseando-se do jeito que bem entendesse e assumindo formas inimagináveis a quaisquer das mentes que ali se faziam presentes. As mutações iam de um belo e elegante cavalheiro até as expressões mais esdrúxulas, concebidas, apenas, nos contos das fantasiosas mitologias idealizadas pelos homens desde os mais remotos tempos de sua aparição como inteligência povoadora do Orbe Terreno. Os aspectos se ajustavam; ora em substância maciça, concreta, ou seja, sem abstrações; ora na forma aquosa ou, por vezes, em modelagens vaporosas, mostrando seu domínio sobre os estados da matéria.

– Se ele faz isso consigo mesmo, o que não fará conosco?! – deduziam os que ali estavam na condição de réus, cheios de pavor.

Os odores que aquele ente espargia, por meio da respiração, invadiam o ambiente do pavilhão, disseminando-se insuportáveis e asquerosos, em uma mescla malcheirosa de enxofre, amônia e organismos em decomposição pela ação de enzimas microbianas exalando-se putrefatos. Alguns dos condenados, não suportando a fedentina e não podendo apresentar protestos, porque seriam tomados como despeito, para fugir dos agravos, assumiam seus erros rapidamente e sem ponderações, conquanto pudessem sair, o mais breve possível, de sua presença.

No cativeiro daquelas camadas inferiores do Astral, o ANUNCIADOR transformava-se no foco das atenções assim que iniciava a leitura dos procedimentos a serem adotados pelos subjugados:

– Não se atrevam a dirigir os olhares ao judicioso sem que lhes seja ordenado. Não façam perguntas nem interpelem sua fala com contestações. Não tentem fazer uso de mentiras porque, antes que possam manifestar-se, ele já terá reconhecido todas as suas intenções. Os insurgimentos e os apetecimentos pelas fugas não serão tolerados, e aqueles que assim o fizerem serão enviados para os charcos ou para as partes mais profundas deste campo de padecimentos, onde conviverão com os piores crápulas do plano das trevas totais, em um ambiente de devassidão incontida em que seus habitantes se contentam com a alimentação feita de substâncias líquidas ou semilíquidas, ainda que enfermiças, retiradas do sangue, da fleuma (ânimo), da bílis amarela e da bílis negra do duplo dos degradados para lá remetidos. Ingerindo-as, conseguem manter-se ativos e vigilantes, de modo a se conservarem afastados da zona de desintegração definitiva, incorporada ao caótico núcleo do "nada", resultante da atração pelo colapso gravitacional, em que qualquer coisa que ouse se aproximar, não consegue escapar à irresistível sucção, nem o próprio DONO DAS TREVAS (o demônio) que o criou, à exceção dos Espíritos Superiores ou Iluminados que, em razão da presença viva das energias indestrutíveis provenientes do âmago DELE (gesticulou apontando para cima como invariavelmente estavam habituados a fazer ali durante essas menções), sempre se tornam inatingíveis.

# O Julgamento

No fórum da consciência, todos os acusados conheciam suas culpas, mas não sabiam quais seriam suas destinações.

O ANUNCIADOR tinha de ser rápido porque o MINISTRO DO MAL não se demoraria indefinidamente na tribuna julgando querelas que os próprios RECOLHEDORES, por eles mesmos, poderiam decidir, já que, nas funções que exercia no comando geral do setor, tinha de estar em permanente ligação com os *Ciclos Superiores das Hostes Demoníacas*, participando de importantes decisões sobre os planos arquitetados para o domínio geral dos seres do planeta Terra, os quais desejavam jogar, pelas imperfeições adquiridas e arraigadas em suas almas, contra os ditames dos ensinamentos divinos. As discussões frequentemente aconteciam em assembleias, constituídas pelo alto escalão e sob a direção do MAIORAL DOS MAIORAIS (o próprio LÚCIFER).

Os casos mais complexos eram analisados pelo GOVERNADOR enquanto o arauto ia chamando, um a um, os indivíduos das mais diversas nações existentes na Crosta Terrestre:
– Chen San Lee...
– Chung Li Nung...
– Erich Homann...
– Francisco Guimarães da Rosa...
– Garnier Legrand...
– Giovanni Rossini...
– Juan Diaz Gomes...
– Manuel de Avis...
– Peter Johanson...
– Pietro Barbatti...
– Roger Ander Fuhren...
– Sumiko Misuda...
– *Surgat Krone*...

Assim que ouviu o ANUNCIADOR pronunciar seu nome, o viking, obedecendo às insistentes orientações transmitidas, dirigiu-se, cabisbaixo e sem nada dizer, à frente daquela bizarra entidade, em humilhante posição nunca antes experimentada, nem diante dos mais ilustres reis de sua gente. A ele, sim, é que todos se curvavam para prestar reverência por seus atos heroicos ou movidos pelo temor de sua ira, de seu abrutalhado tamanho ou do inconstante estado de espírito que sempre dependia de certa dosagem alcoólica para conservar-se "equilibrado".

"Agora tenho certeza de que nunca fui tão feio quanto imaginava!" concluiu receoso de sofrer uma punição por causa da comparação estabelecida em pensamento, pois deduziu que aquela *coisa* também iria preocupar-se com suas ondas mentais, tal qual já havia sucedido com o RECOLHEDOR. Todavia, nada aconteceu nesse sentido, visto que o inquiridor já conhecia de perto todo o seu histórico de vida, que sempre fora influenciado por suas próprias inspirações para o mal e que se iniciaram nas formas obsessivas, desde que Surgat Krone, em desastrosa ocorrência, teve de ser arrancado do ventre de Donien por meio do ímpeto de seu pai. Assim, o MAIORAL, em sentença resoluta tomou a sua decisão:

– Irás cumprir o teu tempo inicial no agrupamento de escravos do *Vale dos Carcomidos e dos Aleijados*, onde, a princípio, serás encarcerado, até que haja adaptação com aquela Colônia; posteriormente, deverás conviver e auxiliar, servindo de muletas e fornecendo parte de tua energia vital aos chagados, aos deformados, bem como aos mutilados e aos esfacelados, dos quais alguns aqui chegaram, nestas condições, primeiro, pela ação do fio da tua espada ou graças às tuas agressões que, pela violência com que se davam, lhes causaram o desencarne, desprendendo suas cabeças (ouvindo isso, lembrou-se mais uma vez de Aníbal, o polonês) ou estrangulando-os; e depois, por intermédio da imantação natural, gerada em função dos horrores desenvolvidos e alimentados por suas almas que, tal como ocorreu contigo, redundaram na concessão do mérito de nossa hospitalidade.

Sete Portas foi, imediatamente, algemado a outros condenados e conduzido em uma espécie de carroção fechado, no qual se achavam duas pequenas aberturas em grades, uma de cada lado, que lhes permitiam permutarem-se, a todo instante, a fim de buscar o ar necessário à respiração. O estranho veículo era puxado por exóticos animais que não rinchavam nem zurravam, não eram cavalos, muares ou bois, mas uma mistura de tudo isso com outros bichos extravagantes; tinham corpos avermelhados e emitiam estridentes gritos, em ressonantes protestos, a cada uma das chicotadas que lhes atingiam os lombos, desferidas pelo insensível verdugo condutor.

O viking, olhando pelas diminutas nesgas das fendas laterais, ia observando tudo pelo caminho e, embora em vida carnal estivesse acostumado a presenciar e a conviver com as mais rudes carnificinas conhecidas pelos homens, chegava a sentir certo asco diante das cenas a que assistia. Assim, finalmente, concluiu:

– Não há mais dúvidas, não posso mais ignorar esta realidade; isto aqui não pode ser outro lugar senão o mais autêntico dos infernos revelados pelos profetas cristãos!

## Capítulo 18

## O Confinamento

Na clausura do incomum veículo, entre o atrito rangente produzido pela compressão das rodas nas ranhuras dos eixos e os fortes solavancos que, em curtos intervalos, aconteciam em razão dos encontrões dados com as irregularidades da estrada, os indivíduos, atrelados um a um por grossas correntes feitas de um resistente tipo de metal desconhecido dos encarnados, não tinham como impedir os amontoamentos ao caírem sobre o estrado estendido no fundo em que pisavam.

O molde perispiritual do nórdico Sete Portas manteve-se dimensionado tal qual era em vida carnal; desta feita, ao tombar por cima dos demais, não podia evitar lhes causar alguns ferimentos, fraturas e sufocações.

A balbúrdia estabeleceu-se pelos reclamos daqueles desgraçados que, em vista do perigo transcorrido, não paravam de gritar por socorro.

Nas vielas por onde trafegavam, os transeuntes, por serem conhecedores das normas punitivas impostas contra qualquer deles que tentasse obstruir o trabalho de um CONDUTOR, fingiam nada ouvir e os ignoravam. Krone, nos momentos em que o rodízio o favorecia, permitindo que chegasse ao resfolegadouro para o alívio dos pulmões, aproveitava para memorizar os detalhes do caminho, já intencionado a fugir à sua sentença.

Os quadrúpedes da tração levantavam chispas no bater dos cascos, quase metálicos, sobre os pedregulhos revestidores da superfície da via.

Passaram por diversos distritos em que se encontravam os mais esquisitos albergados. Eram seres humanos desumanizados, almas combalidas, cheias de enfermidades psíquicas, das quais o vigor houvera sido retirado por espíritos sugadores que se autodestruíram pelo uso de drogas alucinógenas ofertadas por bruxos especializados em alquimia. No duplo dos debilitados seres, esses viciados buscavam obter resquícios de algum alcaloide ou entorpecente que lhes tivesse sido aplicado nos complexos tratamentos a que houvessem se submetido antes de morrer. Seus desejos jamais se saciavam e os guardadores daquele setor, em troca de vantagens e para a manutenção do subjugo desses corrompidos, lhes ofereciam os recém-chegados, tal como se fossem animais esquartejados servidos aos leões por seus tratadores. Dessa forma, mantinham-nos, também, presos aos métodos usuais da subserviência, em deprimentes e esperados níveis de incapacidade associativa, pois, movidos pela ansiedade de absorvê-los, não percebiam quanto ainda permaneciam vítimas da exploração alheia.

– Será que terei o mesmo destino desses desgraçados? – perguntou-se o homem dos olhos azulados. – Deve haver um meio de eu escapar a tudo isto! Não permitirei que me privem de algo ilegitimamente, por fraude ou por violência. Nenhum desses vigias irá me explorar sem primeiro provar da minha força! Ah, disso eu não tenho dúvidas!

Mais adiante, o CONDUTOR, que atendia pela alcunha de CÃO DANADO (por tratar-se de um espírito de fáceis e extremos enfurecimentos), visando alimentar e dar de beber aos animais, desviou a rota do invulgar transporte para um atalho que ia dar direto em uma movimentada estrebaria, para onde fluíam vários parceiros de seu ofício que ajudavam a constituir o emaranhado de carros circulantes a serviço do território de BEELZEBUTH.

Ainda se encontravam na metade do caminho, por isso o cocheiro precisava livrá-los do arreamento e deixá-los descansar, para, só então, dar prosseguimento à viagem:

– Oi, CÃO DANADO! Tudo bem? – perguntou Naum, um menino dentuço e zarolho, proveniente da antiga Judeia, que lá prestava serviços e que, segurando a alça das rédeas, veio cumprimentá-lo.

– Até aqui, está! Não há novidades. Vou seguindo na rotina de sempre – afirmou, já com os pés no estribo, livrando-se do assento que lhe fazia doer os fundilhos.

CÃO DANADO abriu a portinhola do cubículo em que se achavam seus prisioneiros e foi puxando-os para fora com sua habitual agressividade, pouco importando a altura de onde caíam ou o que lhes pudesse acontecer:

– Fora! Fora! Saiam seus vermes – ordenou.

– É aqui o lugar que iremos ficar? – arriscou-se a perguntar-lhe um dos acossados pelas amarras.

– Cale a boca, seu estúpido! Quem lhe deu o direito de se manifestar? – interrogou-o, ameaçando dar-lhe um bofetão, movido por incontrolável cólera.

– É que alguns dos nossos companheiros se machucaram ou tiveram seus ossos partidos pelas quedas que sofremos durante este nosso traslado. A culpa é desse grandalhão aí – apontou para o bárbaro Sete Portas –, que está ocupando quase todo o espaço de que dispomos e, todas as vezes que acontecem os solavancos, cai por cima de todos nós, com seu monstruoso corpo, imobilizando-nos e, com isso, levamos sempre a pior.

"Maldito delator! Não chegarás inteiro ao nosso destino, pois vou te aniquilar na primeira oportunidade que tiver", pensou o viking, em estudado controle dos nervos para não perder a meada de seus planos. "Jamais admiti que traidores sobrevivessem em lugar algum, muito menos deixarei que isso aconteça só porque estamos aqui neste inferno, ou sei lá que nome se dá a esta desgraça; e não serás tu quem irá desfrutar desse privilégio! Não mesmo".

CÃO DANADO providenciou algumas talas junto ao CHEFE DA ESTREBARIA, com as quais mandou que eles mesmos cuidassem de imobilizar seus membros traumatizados.

– Não vou ficar pajeando nenhum barbado, cuidem vocês mesmos de preservar a estrutura de seus esqueletos, pois vão precisar deles se quiserem manter-se inteiros no duro pagamento de suas penas – aconselhou. – Se vocês pensam que lá vão ficar na ociosidade, estão totalmente equivocados. Na COLÔNIA DA FRONTEIRA não há um segundo sequer que se possa dedicar à preguiça ou à vadiagem. Os persistentes se dão muito mal nas mãos dos SUPERINTENDENTES (encarregados da fiscalização e da distribuição dos serviços entre os todos os trabalhadores e habitantes daquela organização). Qualquer um dos cativos subordina-se, entre outros, ao mando dos ARREGIMENTADOS (indivíduos convocados por seleção que constituem o conjunto de técnicos necessários aos trabalhos mais requintados desenvolvidos nos vários setores de atividade), submete-se, também, ao comando dos VOLUNTÁRIOS (membros de outras unidades, formadores do menor desses grupos e que se oferecem para prestar auxílio aos elementos internos e às diversas seções da Instituição) e aos terríveis e bem treinados SEGURANÇAS (implacáveis vigilantes que nunca desenvolveram a mínima sensibilidade pelo sofrimento alheio e que se comprazem ao imputar os mais cruéis castigos àqueles que se fizerem infratores dos regimentos disciplinares organizados pelo MAIORAL).

Depois das explicações e de se refazerem da fadiga, CÃO DANADO, temendo perder um dos escravos pelas mãos de Sete Portas cujo olhar lhe revelou as intenções, desatou o desproporcional guerreiro danês, livrando-o do restante do grupo e, de imediato, prendeu-o na boleia, de maneira que suas mãos permanecessem atrás do corpo, para que se mantivesse resguardado contra possíveis tentativas de evasão ou de agressão de sua parte.

Enquanto o CONDUTOR vigiava-os no estábulo, lançou fulminante olhar sobre o condenado reclamante, fazendo-o curvar-se ao chão e de forma humilhante obedecer ao seu comando, por meio de gestos hipnóticos, tão eficazes que eram capazes de causar inveja ao mais perfeito dos ilusionistas abrigados na corte de BEELZEBUTH.

Após viajar por alguns dias em precárias condições, alcançaram, finalmente, o vale em que se expunham repugnantes e deprimentes cenas jamais vistas por Sete Portas.

Agoniados espíritos rastejavam pelo chão como se fossem cobras assustadas. Outros exibiam feridas enormes que expeliam odores insuportáveis vertidos do muco purulento das carcomas infestadas de moscas tão sedentas de suas imundícies que não lhes davam tempo para aquietar-se. Havia aqueles que se mostravam desfigurados, tanto por deformidades inatas, pelas doenças adquiridas ou por outras escondidas no âmago de suas almas, a abalar-lhes o psiquismo, de tal forma que lhes causavam distúrbios de características esquizofrênicas ou de outras graves psicopatias. Parte deles, a exemplo de seu quase amigo O RECOLHEDOR, trazia os corpos e as cabeças encobertas, pois às vezes chegavam a amedrontar-se com suas próprias imagens ao vê-las refletidas nas poças quando suas águas não se achavam turvadas pela ação de outros indivíduos bestializados que constantemente as agitavam, movidos pelo inconformismo e pelo desejo de impedi-las de revelar-lhes tão lastimosa realidade. Ouviam-se gritos desesperados de certas almas endoidecidas pela dor causada por suas partes gangrenadas. Sentiam como se seus corpos fossem constituídos de substâncias palpáveis e formados de matéria física, por isso clamavam por uma providência que lhes levasse o lenitivo.

A princípio, todos foram recolhidos aos labirintos prisionais, em celas provisórias e individuais. No isolamento total encontrariam maior facilidade de assimilação às vibrações trevosas com as quais, dali em diante, passariam a conviver. Era um duro período de adaptação que lhes estava destinado na nova morada.

A Colônia da Fronteira, situada no imenso Vale dos Corroídos e dos Mutilados (outra denominação a ele atribuída), assim se chamava porque estava localizada nos limites das regiões de comando de BEELZEBUTH com o território governado por ASCHTAROTH, onde os pulsos energéticos da negatividade eram um pouco menos acentuados, por tratar-se de uma zona de transição natural em que a massa fluídica tinha menor densidade. Contudo, o local abrigava muitos seres, ainda bastante afeitos às imperfeições e distantes de quererem alcançar a plena purificação, mas em estágios um pouco mais avançados, o que lhes permitia ter acesso a outras camadas, constituídas por verdadeiras cidades e organizadas em administrações interdependentes, em que os que mais se destacavam coordenavam a realização dos serviços comuns entre as várias comunidades daquela esfera, na qual se encontrava recolhida uma gama enorme de espíritos de menor entendimento, que, como eles, permaneciam retidos ao inevitável cativeiro, resultante das atitudes, dos desejos e dos sentimentos cultivados por suas consciências e por seus corações.

## Capítulo 19

## O Tormento do Cárcere

Foram muitos os anos em que Sete Portas se viu trancafiado em uma solitária sem contato com o exterior do Campo de Cumprimento Cármico Parcial.

No pequeno espaço de escuridão total, o viking não conseguia enxergar nem ao menos a silhueta de seu colossal corpo periespiritual. Como um cego, tateava pelas paredes procurando estabelecer noção da dimensão física do minúsculo compartimento em que se encontrava recolhido.

Os poucos e ligeiros contatos com outros seres, que não as ratazanas e os insetos atraídos pela imundície ali acumulada, eram feitos com Hazael (um dos VOLUNTÁRIOS que, com muita perspicácia, havia se infiltrado naquela zona fluídica fazendo-se passar por um dos cruéis SEGURANÇAS).

Baseado em sua própria vida carnal, no período em que ostentou a coroa real em uma antiga tribo da Síria, valendo-se de subterfúgios que se assemelhavam aos utilizados pelo marinheiro Sete Portas quando preparava os caminhos para alcançar o mesmo ideal, o dissimulado "feitor", em razão dessa similaridade, desenvolveu especial afinidade pelo destemido dinamarquês. Desta feita, quando o momento lhe favorecia, mantinha-o informado dos acontecimentos mais marcantes ocorridos lá fora.

Krone já havia se adaptado com o magnetismo do astral inferior, porém o costume ainda não se fizera bastante para torná-lo resignado diante dos tormentos aos quais vinha sendo submetido.

O regimento local extrapolava os limites de sua tolerância, no entanto tinha de se conter para não acabar envolvido em agravos.

Assim como acontecia com os outros prisioneiros comuns àquela situação, Sete Portas recebia como alimentação cargas consideráveis de emanações fluídicas de negatividades, desenvolvidas pelos doutos ARREGIMENTADOS, homens que se ocupavam em elaborar fórmulas disseminadoras de diversas endemias de cunho mental e emocional pela área do Vale, cujos sintomas o afetavam e transformavam-no em um desnorteado de reles importância.

Nos laboratórios desses magos, acumulavam-se milhares de indivíduos, guardados em espécies de gavetas e deserdados dos bens divinos, seres repletos de vibrações pesadas, produzidas por cérebros entrevados de insanidades causadas por paixões nefandas e sem fundamento, nutridas pelo ódio e por corações inspiradores do antagonismo contra as forças do bem, com os quais corpos perispirituais faziam seus experimentos e aproveitavam para retirar as vibrações pesadas que mais tarde iriam atender suas necessidades científicas.

Basã, o mais insensível dos SEGURANÇAS do setor e intermediário entre aquele departamento e os interesses dos especialistas pesquisadores, escolhera Sete Portas para servir de "cobaia" e, quase que diariamente, seguindo instruções superiores, canalizava considerável dosagem de energias subversivas e de configurações satânicas sobre o guerreiro dos mares, com vistas a causar-lhe a debilitação. Dessa forma, conservava-o intoxicado, degradado e exaurido.

O motivo da pertinaz perseguição atinha-se na rememoração de cenas ainda muito presentes em sua atormentada mente. Em um passado muito longínquo, Basã havia sido um rude e pervertido membro das hordas de Átila "O flagelo de Deus", como era conhecido o maldoso rei dos hunos.

Naquele tempo, como todos os demais integrantes do hostil grupo invasor, divertia-se executando ou ferindo pela espada suas vítimas, agredidas sem critérios de seleção e com indiferença, pouco importando se estava atingindo homens pacíficos, velhos, mulheres ou crianças. Fazia-o movido por sequiosa fúria, animada pelo tropel provocado pelo galopar de velozes cavalos e pelo forte alarido proveniente de assustadora gritaria.

Os aterrorizantes homens de pele amarela e olhos em fendas, no calor dessas encarniçadas batalhas, promoviam devastações por todas as terras em que passavam.

Em uma dessas desiguais contendas, depois de haverem atravessado as águas do rio Reno, na Alemanha, ao atingirem a Planície de Châlons nas proximidades do rio Marne, na Gália, inesperadamente deram de encontro com diversas tribos germânicas dos francos, dos borgundos e dos visigodos, ali unidas aos exércitos romanos, pelos quais foram derrotados, tendo, inclusive, seu líder, sido aniquilado impiedosamente.

Sabedor de que Krone era descendente distante dos guerreiros de um daqueles agrupamentos socioculturais, embora não houvesse tido nenhuma participação no entrevero, já que, na época dos fatos, sequer havia nascido na carne, via-o como se fosse um inimigo do confronto com tais alianças e tomava-se por atribulações que o levavam a cometer atos de vingança contra o homem da barba cor de cobre.

– Levante-se, estúpido! – chegou Basã à masmorra, cuspindo fogo sobre Surgat, ao mesmo tempo em que o espetava com uma pontiaguda lança de cabo curto.

Sete Portas obedeceu sem expressar reações, pois não apenas lhe seria impossível fazê-lo porque o SEGURANÇA já o havia dopado com suas imantações carregadas, como também, ainda que houvesse tal possibilidade, não o faria, para não ter acrescido seu tempo naquela dolorosa expiação; além do mais, havia caído nas graças de Hazael em quem via a oportunidade de ter as coisas facilitadas de modo a alcançar a almejada redenção.

Com o passar do tempo, finalmente teve início a segunda parte do expurgo a ser cumprido por Surgat. Aos empurrões, Basã o conduziu para um prédio onde funcionava uma clínica de recuperação de escravos dos estratos da inferioridade.

No local, os cientistas ARREGIMENTADOS colocaram-no amarrado em uma cama conectada a diversos aparelhos nunca observados no mundo da Crosta Terrestre, que se acoplavam a um emaranhado de fios magnéticos usados para conduzir correntes acionadoras dos medidores e outros instrumentos de observação. Era uma máquina engendrada para retirar e selecionar os fluidos contaminados emanados das mentes e dos duplo-etéricos dos indivíduos considerados aptos a desenvolverem larvas, bactérias ou amebas recebidas por inoculação. Aplicavam tais cargas a título de alimentação e transformavam-nos em passíveis depósitos reprodutores dessas formas de vidas elementares. Podia-se ver passar pelos tubos complementares do estranho mecanismo o muco gelatinoso e escuro em que se proliferavam essas colônias microbianas, sustentadas por seres, qual usinas vivas, produtoras das mais perniciosas e indissolúveis energias.

Por anos a fio, essa foi a sofrível rotina do gigante viking.

De tempo em tempo, Basã o retirava da câmara escura e levava ao laboratório para, posteriormente, devolvê-lo, combalido, ao chão frio do cubículo; entretanto, terminou encontrando nele uma nova utilidade. Em seu lugar, internos recém-chegados passaram a ser objetos de experiências; assim, Krone foi, gradativamente, refazendo-se nas resistências que lhe haviam sido abaladas. Puseram-no para movimentar os serviços mais primitivos que melhor se ajustavam aos grilhões de sua natural animalidade, porém, Sete Portas não se incomodou.

Tinha em mente que qualquer coisa que o obrigassem a fazer seria pouco ante o enfrentamento da clausura na solitária, portanto cumpria de forma mansa e complacente tudo o que lhe ordenavam.

O dinamarquês carregava mutilados nos ombros, limpava feridas de chagados e até cedia parte de suas vibrações vitais para aqueles que se achavam mais enfraquecidos. Submetia-se sem nenhum reclamo, porém ainda se mantinha preso ao obstinado desejo de fazer o acerto de contas com o conspirador que o denunciara ao CONDUTOR CÃO DANADO, colaborando, com sua língua ferina, para o prolongamento da atormentada reclusão a que fora submetido. Depois, tudo o que mais desejava era vencer as muralhas e escapulir do odioso Sistema.

## Capítulo 20

## O Culto Satânico

— Ei, Hazael! – sussurrou Sete Portas aproximando-se ao ouvido do disfarçado homem da SEGURANÇA, tão logo percebeu que Basã (o chefe da equipe) havia se afastado do lugar onde o pusera para garimpar na lama podre dos charcos alguns espíritos que lá se achavam soterrados a mando de TRITON (O SUPERINTENDENTE da Colônia), cuja autoridade ficava logo abaixo do MAIORAL, BEELZEBUTH.

O GOVERNADOR iria participar pessoalmente de uma *MISSA NEGRA*, um dos mais dramáticos rituais de culto a LÚCIFER, que, a pedido de certo nobre habitante dos planos localizados nas camadas da litosfera terrestre, brevemente faria realizar em seu palacete, sob a incumbência do "padre" DURAND, excomungado da Santa Sé por não congregar os mesmos ideais do Santo Pontífice agindo de forma não condizente com as pregações dogmáticas da Igreja de Roma, e por não praticar harmoniosamente o exercício espiritual determinado pelo bispo de sua diocese.

O líder dos Campos Fronteiriços queria que alguns de seus auxiliares diretos se fizessem presentes ao macabro evento e, para tal, precisava supri-los com reservas de magnetismos de alta densidade, por meio dos quais imantaria o altar dos holocaustos. Criaria ali um halo sem fulgor para estabelecer a intermediação do incontinente desejo, manifestado mediante promessa a ser cumprida a qualquer custo, que o conde Bullant assumiria perante as hostes demoníacas em troca da obtenção do apreço do Rei de França e de sua cobiçada filha Julliet.

Ainda havia abundante energia mental e perispiritual intocada e fortalecida pela mistura gasosa volatilizada no pântano, da qual se utilizariam, transformando-a em fontes propulsoras capazes de fazê-los romper as barreiras de diversas faixas por onde deveriam transitar, indo desde o ínfero dos ínferos em que habitavam, até o local onde se daria o evento, sem sofrerem danos causados por choques vibratórios.

Hazael olhou para todos os lados e, depois de certificar-se de que não somente Basã, mas também Mitca, Van, Coutant e outros malévolos veladores daquele setor não se achavam nas proximidades, interrogou:

– O que você quer comigo, bárbaro inconsequente?
– Preciso apenas que você me dê uma informação – respondeu.
– Pois diga logo antes que chegue alguém – advertiu.
Com ambos os pés fincados sob o lodaçal, a cabeça abaixada e as mãos atoladas no barro como se estivessem a tocar em algo diferente do habitual, perguntou:
– Todos vocês têm os mesmos poderes que os RECOLHEDORES exercem sobre nós aqui aprisionados?
– Como assim?
– Eu gostaria de saber se os SEGURANÇAS também estão credenciados a fazer desaparecer parte de nós, ou o nosso corpo como um todo, mediante um simples movimento de braço, tal qual Claudius fez comigo ao trazer-me para cá.
– Não, Surgat, aqui não há ninguém que seja capaz de extinguir definitivamente uma alma. Nem os espaços absorventes, onde nada resiste à sua imensa força gravitacional, são suficientes o bastante para destruí-las; capturam-nas, mas as mantêm vivas, tanto que os Espíritos do Alto estão habilitados a adentrá-los e procederem ao resgate de algumas delas, pois somos sabedores de que elas pertencem a ELE (apontou para cima) que não castiga seus filhos, mas lhes concede a liberdade de infringir ou obedecer às suas imutáveis Leis, fazendo uso do livre-arbítrio. O que Claudius e os outros RECOLHEDORES fazem é, nada mais, nada menos, que usar de técnicas burladoras para nos intimidar a todos, do mesmo modo que o faz o MAIORAL quando se assenta em sua cadeira no tribunal. É a aplicação do império do terror.
– Então fui enganado. Nada do que me aconteceu foi verdade?
– Não é bem assim! – argumentou Hazael. – Eu apenas afirmei que ele não apagou seu corpo perispiritual, mas fê-lo pensar que tal tinha sucedido para que você se tornasse submisso às suas ordens sem manifestar contestações. Há muito tempo os RECOLHEDORES têm-se valido desse subterfúgio e sempre deu certo. Até comigo foi assim quando, por meus atos, para cá fui atraído.
– Huum! Então há uma possibilidade!
– Há o quê?
– Nada, nada!
De repente, tiveram que interromper a conversa, visto que Basã regressava afobado para conferir como andava sua tarefa.
– Depois continuaremos – concluiu Hazael, não conseguindo esconder um intrigante interesse pelo embaraçado desfecho não revelado pelo guerreiro do Mar do Norte.
O corpo e o rosto de Sete Portas pareciam camuflados pelo excesso de lama apodrecida, quando Hazael o imobilizou com as algemas demonstrando a Basã que tinha zelo pelo patrimônio do MAIORAL; por isso o estava removendo quanto antes, para que não terminasse deformado, talvez

definitivamente, pela ação dos elementos sulforosos que vertiam, sem interrupções, do charco estagnado.

Ambos lembraram-se do incidente ocorrido com o RECOLHEDOR Claudius e das horríveis e irreparáveis sequelas que já carregava há séculos, por haver sido submetido por tempo muito acima do permitido aos efeitos danosos do lodaçal, afetando-o, de modo tal, que nunca mais conseguiu se livrar das coberturas que, ao menos psicologicamente, o ajudavam a ignorá-las quando achava conveniente.

Mesmo sendo um vale sombrio e com desagradável paisagem, ainda havia algumas fontes naturais, das quais jorrava uma água salobre, menos causticante que a dos pântanos, onde Hazael o levou para se lavar.

Os trabalhadores, diretamente subordinados aos ARREGIMENTADOS, encostaram várias carriolas ao lado dos amontoados de duplo-etéricos, totalmente inconscientes, dos condenados rebelados retirados por Krone das chafurdices e que tinham sido deixados à beira da lagoa. Empilharam-nos, de dois em dois, em cada um desses meios de transportes e levaram-nos para os laboratórios destinados à tarefa de retirar-lhes, por um método um tanto sofrível, a carga residual máxima que poderiam suportar daquelas densas e letárgicas energias que faziam parte de suas impregnações. Elas foram sugadas por meio de condutos instalados em câmaras vibratórias e, posteriormente, transformadas em um "néctar" que o MAIORAL e todos aqueles horrendos seres que compunham seu ministério hauriram às tétricas gargalhadas. A ingestão do preparado fazia-os sentir aumentar-lhes o vigor e a disposição para a malignidade com que pretendiam movimentar a perversão humana, incitando-a contra a doutrina divina.

Dessa feita, dirigiram-se, em comitiva, para o castelo de Bullant, na Crosta.

Ao chegarem, depararam com uma bela mulher, totalmente nua, deitada sobre o altar de forro preto, armado em um dos luxuosos aposentos em que os nobres costumavam divertir-se quando ali promoviam duradouros festins libidinosos em companhia de suas damas ou escravas.

O SACERDOTE DO MAL, sentindo que as vibrações das hostes abismais já se faziam presentes no ambiente, deu início ao ritual, do qual participavam, além do próprio Bullant, o ilustre requerente, Durand, o celebrante esconjurado; seu ajudante Pierre Montain, fazendo as vezes de sacristão; um infeliz molambo, capturado pelas escuras vielas em que esmolava expondo suas misérias; um desvalido menino, raptado em um vilarejo das cercanias; a dama dos prazeres que se oferecia a LÚCIFER, por sua excelência escultural, conquanto o ente lhe retribuísse dando-lhe poderes, vitalidade e riquezas, além de um guarda do portal, que não teria uma participação direta no acontecimento, já que suas ordens eram apenas de impedir o acesso de qualquer pessoa que tentasse aproximar-se daquele compartimento.

Nos fundos da dantesca moradia, um panelão era aquecido ao fogo forte da fornalha para a complementação da medonha liturgia.

Sem perda de tempo, Pierre Montain cravou um afiado punhal no peito do mendigo, que, tal qual o pequeno sem paradeiro, se achava amarrado e com a cabeça encoberta por um capuz. Não houve tempo sequer para um único gemido. Ali mesmo, abriu-lhe o tórax, retirou-lhe o coração que ainda fibrilava em total descompasso bem como as poucas banhas das partes mais adiposas daquele corpo. O órgão foi colocado sobre uma taça de prata, repleta de ornamentos representativos do mal, que, em pouco tempo, se encheu de sangue até o transbordamento. As gorduras foram lançadas ao tacho para o rápido derretimento. A seguir, do mesmo modo, sacrificou a criança, provocando, no ambiente, um mal-estar quase geral, pois a prostituta ambiciosa, chocada com a cena, desmaiou, expondo ainda mais suas intimidades. Bullant quase pediu que não continuassem com aquela carnificina, porque, no mais profundo de sua alma, sentiu-se um covarde tremelicando em desespero. O "padre" permaneceu indiferente e Pierre apenas cumpriu seu papel, tal qual há anos fazia, friamente, em sua profissão de carrasco, a serviço do condado. Já nos planos em que se encontravam as evocadas entidades infernais, tudo a que assistiam lhes causava grande regozijo e festejavam emitindo fluidos de negatividade sobre todos os que ali se juntavam naquela adoração.

O "sacristão" colheu o sangue da criança e reservou-o em um cálice de ouro envolvido por adornos semelhantes ao outro feito de prata. Posteriormente, incinerou-a sobre o braseiro retirando-lhe as cinzas que guardou em um pequeno recipiente com formato de pote.

O excomungado deu início ao ritual, o qual fazia acontecer de jeito inverso à missa normal da celebrada pela Igreja Romana. Principiava pelo final e tinha todas as expressões ligadas ao perdão, à paz e à divindade, trocadas por palavras profanas em que se realçavam o ódio, a guerra e o PRÍNCIPE DAS TREVAS. Assim, o "reverendo" colocou ambos os vasos com o líquido da vida, encobertos por uma estola de tecido roxo e preto, sobre o ventre da meretriz, que se achava iluminado pelas chamas das velas feitas de sebo humano recolhido pelo próprio Pierre do corpo das vítimas de suas execuções nos patíbulos.

Dentro dos copos, o sacerdote inseriu pequenos pergaminhos que traziam escritos em Latim os desejos de Bullant. Logo a seguir, passou a recitar coisas inteligíveis somente ao "sacristão" que as repetia em uma sequência harmônica. Depois, apanhou uma hóstia, à qual untou as cinzas do menino, misturadas às gorduras do pobre pedinte e ao sangue de ambos que já havia sido derramado sobre o corpo da interesseira mulher. Erguendo-a em direção ao altar, com sua voz rouquenha e monótona, começou a falar:

– JESUS CRISTO atraía para si os pequeninos e dizia ser deles o Reino dos Céus. Eu, entretanto, que já fui seu sacerdote e terminei segregado por sua Igreja, conduzo o sangue e a alma deste menino até vós, ó LÚCIFER, do qual me resta somente esta fração de pó, em troca do atendimento ao requerimento que vos faz o conde de Bullant, traduzido nos escritos aqui registrados e reforçados pelo sublimar das entranhas de uma das criaturas de DEUS, sacrificada para a vossa satisfação e que vos será entregue como escravo. Além disso, fica à vossa disposição o odor da feminilidade dessa mulher, que vos agradará com seus dotes, mediante as petições que vos faz.

A seguir, fez com que tanto o nobiliárquico quanto a mulher desregrada dos prazeres engolissem, sem mastigar, *o pão do sacrifício eucarístico* (hóstia maldita) que, no ato, representava o corpo demoníaco e selava, em definitivo, o compromisso pactual. E prosseguiu recitando a Ladainha dos Maldizentes:

– Em nome de Satanás, Senhor do Mal e das Trevas, amém!
– Satanás esteja convosco, amém!
– E com o vosso espírito, amém!
– Satanás, amaldiçoai-nos;
– Príncipe das Fornicações, amaldiçoai-nos;
– Rei da Luxúria, amaldiçoai-nos;
– Pai do Incesto, amaldiçoai-nos;
– Satanás que destruís os homens, amaldiçoai-nos;
– Serpente do Gênese...

O "reverendo" Durand parecia empolgar-se com aqueles dizeres intermináveis, com loas e mais loas exaltando à figura do ANJO DECAÍDO.

A Comissão chegada dos "ínferos da perdição" deliciava-se com tantos encômios a ela, como representante dos umbrais, dirigidos e, em ato sequente, direcionava as cargas sobressalentes de negatividade trazidas nessa transição, despejando-as sobre a mente do rei para tentar induzi-lo a aceitar as rogativas do conde.

No distante castelo de Sua Majestade, repentinamente, todos os que o cortejavam tiveram reações inexplicáveis ao conhecimento dos curandeiros ou doutores da nobreza francesa. Uns desfaleceram, outros passaram a ter acessos de insanidade. Várias pessoas sentiram doer-lhes as cabeças com forte intensidade. Alguns elementos caíram por terra vitimados por paradas cardíacas e o soberano, sem nada entender, mandou que buscassem o bispo local, com o qual desabafava seus pecados, para achar solução àquele contratempo.

Assim que chegou, o religioso concluiu:
– É o demônio que está presente com suas vibrações malignas acentuadas por projeções das negras hostes, portanto, roguemos a JESUS, o CRISTO SALVADOR, que por nós interceda.

Ao pronunciar o nome do MANSO CORDEIRO, imediatamente tudo se normalizou.
– Maldito bispo! – vociferou o GOVERNADOR BEELZEBUTH, cheio de ódio. – Vamos aguardar outra ocasião que nos propicie agir sem que ELE (levantou seus olhos de fogo, direcionando-os para cima) venha a interferir anulando nossa vontade. Talvez possamos fazê-lo quando o rei estiver dormindo! Assim será mais fácil trabalharmos o seu cérebro.

E na fortaleza de Bullant, o ritual prosseguia:
– LÚCIFER, miserere nobis;
– BÉELZEBUTH, miserere nobis;
– LEVIATÃ, miserere nobis;
– BAEL, Príncipe dos Serafins, ora pro nobis;
– ASCHTAROTH, Príncipe dos Tronos, ora pro nobis;
– BELFEGOR, Príncipe dos Querubins, ora pro nobis;
– ANDUCIAS, Príncipe das Potestades, ora pro nobis;
– BELIAL, Príncipe das Virtudes, ora pro nobis;
– ASMODEU, Príncipe das dominações, ora pro nobis;
– JUNIEL, Príncipe dos Anjos, ora pro nobis;
– EURINOMO, Príncipe dos Arcanjos, ora pro nobis;
– PERRIEL, Príncipe dos Principados, ora pro nobis;
– FERREAL, Pai dos Assassinos, ora pro nobis;
– BORDÃO, Pai dos Ladrões, ora pro nobis;
– PERRIER, Pai dos Bêbados, ora pro nobis.

As menções que fazia se referindo às Entidades Celestiais diziam respeito às Legiões de MAIORAIS, atuando no sentido inverso e pelas classificações adotadas nos domínios infernais.

E para encerrar, reverenciou:
– FERRABRÁS, ora pro nobis;
– CAIFÁS, ora pro nobis;
– MAIORAL DOS MAIORAIS, ora pro nobis.

Soube-se, anos mais tarde, que o conde havia se casado com Julliet; porém, essa o levou às barras dos Tribunais que o condenou à morte, por traição, juntamente com Durand, Pierre Montain e Louise, a prostituta, que, tentando extorquir boa soma da princesa e intencionada a obter sua proteção e a vida cortesã, denunciou-os, relatando, minuciosamente, toda a trama arquitetada pela recorrência ao culto de adoração a SATÃ.

## Capítulo 21

## A Transferência

— Houve um dia em que O RECOLHEDOR Claudius, falando sobre as chances de que dispomos para deixar, definitivamente, este lugar, frisou que somente com a ajuda dos Espíritos de Alta Elevação isso seria possível. Tu achas que não há mesmo outro recurso ou suas palavras foram novas intimidações, de cunho sarcástico, para divertir-se à custa de minha ignorância a respeito do assunto? – perguntou Sete Portas a Hazael.

— Não, homem! Tem certeza de que ele não agiu com arrogância nem escarneceu de ti. Esses Seres Iluminados constantemente descem suas vibrações ajustando-as com as deste ambiente para procederem alguns resgates. Dizem que ELE (levantou o indicador) dá a todos, de modo equânime, inclusive ao próprio LÚCIFER, a oportunidade de redimir-se das culpas e de seus erros pela reforma interior. A questão é que, com o passar do tempo, boa parte dos nossos, movida por essa força que nos alimenta e torna-se arraigada ao nosso âmago, termina por adaptar-se ao meio deletério do qual ela emana e, depois de familiarizar-se aos seus efeitos, luta com todas as forças que consegue reunir para não se furtar dessa permanência. Isso funciona como se fosse um vício. Observa os alcoólatras e nota que tais indivíduos, ao se iniciarem nessa degradação, não se dão conta da rapidez com que a bebida os envolve e os escraviza. A princípio, seus efeitos são moderados e controláveis, porém, à medida que o organismo vai se habituando e se adaptando, passa a exigir doses cada vez mais acentuadas, até que, por piores que sejam os danos físicos, morais ou sociais que venham a causar, torna-se companheira inseparável em suas vidas, prolongando-se, inclusive, após se acharem desencarnados. Tu bem sabes disso, tanto que te encontras entre nós porque te deixaste levar por esse ímpeto, visto que no vinho foste em busca do prazer. Aqui, precisamos, permanentemente, centuplicar nosso metabolismo e despender muitas energias para mantermos nossas almas e ambientá-las aos efeitos dessas transcendentais operações químicas, caso contrário, a nauseante repugnância nos domina e nos causa acentuado sofrimento. Em suma, não conseguimos sobreviver conscientes sem exalarmos tais venenos, e suas fontes se situam, exatamente, em nossas mentes contaminadas. As mudanças provocadas pelos processos profiláticos e pela emissão de selecionadas energias magnéticas, operadas pelos Benfeitores, às vezes nos causam reações tão violentas que chegam a carbonizar essas substâncias, fazendo com que percamos o dinamismo e nos transformemos em seres dominados pelo torpor. É como o remédio amargo e expurgativo, ao qual nossas impressões palatais se negam a acostumar. Nota que, entre os nossos companheiros de infortúnio, há internos que estão ocupando postos de comando porque, ao longo dos tempos, souberam suportar e desvencilhar-se das tentativas de convencimento articuladas pelos Radiantes Espíritos quando lhes ofereceram a oportunidade de se submeterem a esses choques. Eles têm fácil identificação com a perversão e com todo tipo de exploração e não querem se separar de nossas hordas para se associar à Mão que se apresenta como Iluminada e Salvadora. Neste que é o mais baixo de todos os níveis da inferioridade, agem como os cães, que mesmo sendo maltratados, enxotados ou amaldiçoados por seus donos, não fogem às suas companhias e aguardam, pacientemente, que se lhes abrande o enfurecimento, certos de que tornarão a afagá-los ou a trazer-lhes algum sobejo com que possam alimentar-se. Os mal-intencionados, cheios de esperteza, não lutam para deixar este âmbito, mas, sim, a humilhante posição de meros escravos e, para atingir seus objetivos, oferecem-se para o cumprimento de quaisquer tarefas, por mais infamantes que sejam, conquanto possam emancipar-se de tal situação; e, por vezes, tornam-se mais perversos que seus carrascos anteriores, castigando aqueles que antes eram companheiros, aplicando-lhes, impiedosamente, punições redundantes de regras criadas de momento e de acordo com seus incontroláveis desejos.

– E tu, em qual desses caminhos te enquadraste para chegar ao posto de SEGURANÇA? – perguntou o viking temendo por um desagravo diante de tanta curiosidade.

– Nenhum deles, oras!

– Nenhum?!

– Nenhum, por quê?

– Por nada, não! Desculpa-me pela indiscrição.

– Continua, por favor! – assentiu.

– Já que tu me permites... como foi que conseguiste galgar tal posição?

– Esta é uma longa história que mais tarde te revelarei.

– E por que não o fazes agora?

– Porque não é a ocasião mais adequada. Fica tranquilo que, certamente, voltaremos a falar sobre este assunto – fê-lo entender, por meio de alguns acenos, que deveria ter um pouco mais de paciência.

Seguiam em pacífica confabulação quando o dinamarquês avistou, à beira do lago, alquebrado e desacordado, um remanescente indivíduo que havia retirado da podridão junto com os demais, cujo corpo perispiritual houvera sido rejeitado pelos homens dos laboratórios, visto estar infestado de famigeradas sanguessugas que lhe cobriam as formas.

Os vermes anelídeos proliferavam-se com impressionante rapidez naquele lado do pântano e suas moles ventosas aderiam a qualquer coisa que lhes oferecesse a oportunidade de saciar ao hematófago apetite.

Quando se agarravam a algum humano ou qualquer outro vivente animal, sorviam-lhe as grosseiras energias, de forma vagarosa, porém insistente, até levá-lo ao extremo esgotamento.

Sete Portas o escondeu por trás de estranhas formações, onde se fundiam vários elementos naturais, já petrificados, muitos ossos sem o reconhecimento de procedência e emaranhadas plantas troncudas, de raízes aéreas, sobre as quais o depositou. O procedimento visava evitar que, por sua inutilidade junto ao Centro de Experimentações, o homem fosse devolvido à acidez do charco, destinado às alamedas dos Portais ou despejado no poço de absorção, de onde nada poderia escapar senão pela interferência divina.

Hazael o havia observado na prática do embuste, mas fingiu nada ver ou saber, pois queria investigar melhor todas as suas atitudes.

Ainda podiam divisar, ao longe, os escravos dos ARREGIMENTADOS que, pouco a pouco, iam sumindo do alcance de seus olhares, enquanto empurravam os carros com as encomendas, já quase no final da senda que acessava ao alagado, quando o ex-regente sírio alertou:

– Corre, depressa! Vamos procurar um abrigo urgentemente porque vem aí um dos mais terrificantes fenômenos que, de tempo em tempo, acontecem em todos os lugares pertencentes ao reino do ANJO DECAÍDO.

Sete Portas olhou para o horizonte no lado oposto ao que estavam e notou que se aproximava, em grande velocidade, uma espessa nuvem negra espalhando lampejantes e desordenados raios que se encaminhavam para todos os lados e que vinha precedida de violentíssimos redemoinhos, ao centro dos quais se notava a presença de uma areia viscosa e sombreada que parecia dar-lhe vida humana pelos gemidos que emitia à sua passagem.

O furor da ventania aproximava-se, rapidamente, e, em poucos minutos, já se manifestava, causando impressionantes estragos, arrancando parte da tristonha vegetação e, inclusive, arremessando ao ar os elementos desavisados e os alienados mentais, incapazes de assimilar o alto risco a que se achavam expostos.

Antes de buscar seu próprio refúgio, o viking correu ao encontro do desprezado e miserável sujeito que havia ocultado; apanhou-o novamente e pôs-se a correr, aos tropeços, obrigado pelas irregularidades do caminho e por trazer algemados seus pulsos, sobre os quais sustentava o peso do inchado e desconhecido elemento para que também não fosse vitimado pelos incontroláveis efeitos da assustadora tempestade.

Seguindo os passos de Hazael, chegaram à base de uma das elevações que compunham a topografia do vale. Com grande sacrifício, conseguiram atingir a entrada de uma profunda furna na qual finalmente puderam abrigar-se.

Krone deitou-o no chão e, enquanto lá fora a movimentação apavorante do tufão passava e causava um barulho ensurdecedor, foi retirando-lhe, um a um, os sugadores e asquerosos bichos, os quais ia esmagando sob seus enormes pés.

Seu gesto de solidariedade chamou a atenção de Hazael que, intrigado, se perguntava o que poderia levar um brutamontes asselvajado daquele a se condoer com o sofrimento de alguém que sequer conhecia? Não lhe compreendia o atípico comportamento nada condizente com a sua natureza bárbara, embora soubesse, antecipadamente, de quem se tratava, pois, sem que Sete Portas percebesse, Hazael o induzia e o manipulava a um resgate intencional.

– Deve existir alguma pretensão secundária por trás de tanta atenção! – concluiu intrigado.

Sem dúvidas, o próprio Surgat não saberia explicar as razões de sua atitude, visto que se sentia dominado por uma força instintiva que o aconselhava àquele procedimento, e essa não partia de Hazael.

Somente após muito tempo, quando a calmaria lá fora já acontecia e as delineações do homem tinham voltado às formas normais, depois de Hazael tê-lo imantado com uma forte carga energética anulando-lhe, inclusive, as queimaduras redundantes dos componentes dos pântanos semelhantes às que deformaram as feições e o duplo de Claudius, O RECOLHEDOR, foi possível ao dinamarquês reconhecer que o indivíduo arrebatado das imutáveis e pútridas águas pantanosas, era, na verdade, o destemido Gustav, um de seus mais fiéis guerreiros, morto em combate, cujas dimensões perispirituais haviam se tornado disformes em razão do longo tempo em que seu corpo, despercebidamente, estivera atolado no fundo de um fosso de proteção de um dos diversos castelos, há longa data por eles saqueado em terras dos anglicanos, onde foi derrubado dos paredões por certeiro arremesso de dardo que lhe atingiu o coração, fazendo-o despedir-se da batalha e do mundo.

Levado para aquele umbral, cheio de rebeldia, em uma luta desigual, o ousado pelejante atreveu-se a enfrentar seus opressores e, por isso, sem nenhuma clemência, terminou atirado ao lodaçal que, lentamente, o engoliu qual areia movediça.

– Como foi que fizeste isto? – perguntou o viking cheio de admiração, referindo-se à reconstituição das formas do velho amigo.

– Bom, não dá mais para esconder! Não sou quem tu imaginas! Não sou membro da SEGURANÇA, tampouco pertenço a este território – afirmou Hazael.

– Então tu és um desses Mentores aos quais ainda há pouco fazias referência?

– Também não, mas tenho alguns poderes e vou levá-los daqui, pois há uma tarefa que pretendo cumprir e vocês são as pessoas mais indicadas para ajudar-me a executá-la.

– Vocês? Gustav e eu? – inquiriu pasmado.

– Isso mesmo, tu e teu subalterno Gustav.

– E para que lugar pretendes nos levar?

– Para o outro lado da fronteira nos limites de ASCHTAROTH.

– E que diferença faz estar por aqui ou por lá?

– É que lá as vibrações são menos densas e os ditos Mentores ou Anjos vez por outra circulam entre nós, em busca de almas que acreditam poderem ser recuperadas para destiná-las a alguns lugares quase semelhantes ao teu imaginário Valhalla e, entre elas, em breve tempo, ambos poderão ser incluídos.

– Mas, se não és um desses ILUMINADOS, como conseguirás tirar-nos daqui e impedir que soframos represálias? Afinal, foste tu mesmo que disseste, confirmando as palavras de Claudius: "É impossível deixar o âmbito deste Campo Magnético sem o auxílio desses Seres, ou sem a ordem expressa do MAIORAL ou de seus ASSESSORES".

– Tu não me entendeste! – repreendeu-o de modo circunspecto. – Eu disse que não havia outro jeito de deixar o Plano do Astral Inferior sem a ajuda deles e tal Plano corresponde a todos os espaços comandados por seus devidos GOVERNADORES, não somente o território de BEELZEBUTH, mas como membro efetivo da cúpula de ASCHTAROTH posso requisitá-los e transferi-los para aquela região sem que sejamos molestados. Lembrem-se de que, de uma forma global, também sou um adjunto do ANJO REBELADO.

– Se tu és de lá, o que estás fazendo aqui?

– Desta vez, vim com a missão exclusiva de arrebanhá-los àquele reino.

– E por quê?

– Porque, apesar de havermos estado encarnados em locais e épocas diferentes, temos uma história de vida que chega a se assemelhar em algumas situações e creio que isso ajudará a nos identificarmos e nos entender-mos facilitando minha tarefa.

– Exemplifique melhor! – solicitou Surgat.

– Para realizar meu sonho de ser rei da Síria, não exitei em asfixiar com um manto encharcado Ben-Hadade em seu palácio em Damasco. Destruí muitos filhos de Israel, incendiei suas fortalezas, eliminei seus jovens à espada, esmaguei seus meninos e meninas, desde os recém-nascidos até os que margeavam a puberdade, e rasguei o ventre de todas as grávidas que encontrei pelo caminho. O preço foi muito alto para ambas as partes, porque tive um final dramático e também deixei o mundo pela ação de substâncias venenosas embebidas na ponta de uma flecha que atravessou meu peito; e, aí, verificamos outra coincidência.

– Mas eu nunca matei crianças ou mulheres gestantes! – discordou Sete Portas.

– No entanto, cozinhaste vivo um indefeso e efeminado conde que aqui chegou trazendo na alma o cheiro de sua defecação e, por isso, foi encaminhado ao Campo das Repugnâncias no qual outros em condições semelhantes se acham esquecidos nos valões metanoicos onde se submetem a infindáveis assepsias. Conheço bem a tua história e sei que sempre tiveste o desejo de vir a tornar-te rei de toda a sociedade viking habitante da Dinamarca. Sei também que, por meio das peripécias e das conquistas resultantes de investidas contra tuas vítimas ou teus opositores, buscavas auferir a simpatia de teu povo, assim como a dos governantes de outras nações. Conheço que tu foste imbatível no manejo das armas, nas lutas corpo a corpo, em que tua descomunal força sempre prevaleceu e sei também sobre o poder de persuasão que desenvolveste desde a tua infância, mas nada disso te valeu quando sucumbiste, derrotado por uns poucos goles de vinho nos quais te espreitavam os piores inimigos: a avidez impulsionada pelo vício, a ganância, a imprudência e a fatal cicuta. Estou ciente de que não te afinas, nem te converteste aos ensinamentos do GALILEU, PASTOR DOS CRISTÃOS, conservando tua fidelidade às raízes religiosas e culturais e eu, como tu, jamais cedi aos mandamentos do PAI DE MOISÉS (levantou o polegar para indicar que se tratava de DEUS ONIPOTENTE). Por causa desses atos chamados de pecados, há muitos séculos na contagem feita pelos seres que povoam a Crosta, encontro-me confinado nos espaços delimitados deste reino, principalmente na zona de atividade comandada por ASTHAROTH, Ministro do MAIORAL DOS MAIORAIS e GOVERNADOR DA SEGUNDA HIERARQUIA DO ASTRAL DAS INFERIORIDADES.

– Agora sim, começo a entender melhor as coisas! – afirmou o bárbaro, arregalando seus grandes olhos azuis e cerrando os lábios por entre os tufos da preservada barba que o caracterizava. – Gustav não foi deixado para trás simplesmente por causa das sanguessugas. Foste tu que o ocultaste a fim de que não fosse levado ao Centro de Testes e para que eu viesse a encontrá-lo.

– Isso mesmo! Tal qual convenci Basã a escalá-lo para o serviço de modo a forçar a descoberta.

– Se existe tanta energia magnética vibrando na divisa entre ambos os territórios, como conseguiremos ultrapassar esta área de restrição?

– Não a atravessaremos – explicou. – Iremos pelos portões de acesso destinados aos RECOLHEDORES, por onde chegam com os novos capturados.

— Mas, e os elementos químicos que permitem o livre trânsito para as áreas exteriores, como os obteremos?

— Assim! — Hazael soprou-lhes as narinas fazendo-os aspirar seu hálito quente e atomizado. — Por enquanto, não digam nada a ninguém sobre o que acabo de fazer.

— Quando partiremos? — inquiriu Gustav.

— Talvez amanhã, logo às primeiras horas.

A contagem do tempo nos ínferos não seguia os mesmos padrões adotados no mundo dos encarnados. Lá, não havia astros, abóbada representativa de estratos mais elevados, diferenciações entre o dia e a noite, já que as trevas imperavam, ou aparelhos de medição. Em alguns casos, uma hora correspondia ao período de um século. Em outros, as equivalências se faziam em ritmos acelerados e um milênio parecia ter somente uma semana. As consciências não conseguiam ajustar-se a um parâmetro que permitisse aos humanos escravizados registrarem os períodos de duração de suas punições, talvez, por isso, os Espíritos do Astral Superior vivessem interferindo no meio e agindo como solicitantes dos poucos indivíduos em que reconheciam o mérito de uma nova oportunidade avaliada com base no calendário solar.

— Não posso deixar este maldito lugar sem dar cumprimento à promessa que fiz ao ser delatado por aquele fraudulento covarde que me acompanhou na carroça de CÃO DANADO quando nos trouxe para cá — fez saber Sete Portas ao seu incógnito requerente.

— Concordo plenamente com a tua intenção, pois também não tenho a mínima complacência com esses tipos vendilhões, mas isso não vai ser possível!

— Não?!

— Não, homem — confirmou Hazael. — O bajulador infame tanto fez, que acabou sendo peticionado pelo CONDUTOR que hoje o mantém como seu lacaio particular; portanto, agredi-lo, seria contender com um servidor do MAIORAL, o qual, certamente, te negaria o já deferido indulto que te permitirá ser trasladado aos limites de atribuição de ASCHTAROTH. Não hás de querer perder esta que é a única oportunidade da qual podes dispor no momento, já que, por tua natural recusa aos ILUMINADOS que aqui representam os poderes DELE (levantou os olhos sem mencionar o nome de DEUS) e DAQUELE que enviou aos homens na condição de Seu FILHO, visto creres em outros seres que te foram incutidos pelas tradições de teu povo, não resta outro meio de te desvinculares de toda essa contenção que te tortura e te exclui de outras possibilidades ou reconhecimentos da parte de quem quer que seja.

Frustrado com a informação recebida, o viking fez transbordar de si uma transpiração de ódio que se expeliu por seus poros, em forma de gotículas sanguinolentas.

"Como deixar para trás o tão esperado acerto de contas com aquele maldito e desprezível denunciante", pensou Surgat cheio de revolta.

Isso jamais lhe havia acontecido! Apesar da insensibilidade que lhe era natural, talvez Krone pudesse perdoar alguns de seus piores inimigos de batalhas, principalmente depois de tê-los derrotado e despojado; porém, nunca iria desconsiderar o afrontamento feito por um covarde enredeiro sem moral, que para se fazer valorizar e obter o abrandamento de sua sentença condenatória não titubeou em desmedir-se nas palavras, acusando-o, injustamente, sem considerar que se tratava de um igual companheiro de desdita. Para o dinamarquês, o esforço da renúncia representava o pior dos desafios. Sobre sua cabeça, os fluidos de ódio fizeram surgir larvas mentais de diversas configurações que, posteriormente, caíram ao solo e foram devoradas por excêntricos corvos famélicos, os quais rapidamente mergulharam cheios de agressividade sobre as convidativas porções, devorando-as em segundos.

Assim que houve o momento oportuno, após vencerem os sombrios caminhos de saída pelos quais atingiram os portais, Hazael levou-os para a nova faixa vibratória em que, há muito, já coexistia privilegiado pela liberdade de circular entre diversas camadas do submundo espiritual, visto ser dotado de uma simultaneidade energética que lhe permitia tornar-se imune ao reconhecimento de sua real identidade: O GRÃO-MINISTRO DA CORTE SUPREMA DE ASCHTAROTH.

# Capítulo 22

## O Reencontro

O lugar por onde caminhavam transmitia estranhas sensações que exigiam um estado de alerta redobrado como se, a qualquer momento, pudessem ser surpreendidos por alguma situação desagradável.

Havia uma densa neblina envolvendo a paisagem, de forma que se via apenas o apagado contorno da vegetação.

O profundo silêncio fazia-os desconfiar e olhar, constantemente, para todos os lados, colocando-se em salvaguarda contra os perigos criados por suas férteis imaginações. Hazael seguia adiante, guiando-os por entre as estreitas trilhas que meandravam bosque adentro, sob tenebrosas sombras que emitiam fortes vibrações, que os levava a sentir arrepios ante a mínima agitação de qualquer ramagem ao longo do percurso.

Para romper a monotonia e tentar disfarçar o temor reinante, Sete Portas iniciou uma conversa com o seu agora (amigo?) Hazael.

— Fala-nos a respeito da tarefa que disseste ter reservada para nós dois.

— Está bem! Vocês deverão auxiliar-me na organização das Colônias onde se encontram recolhidos os bárbaros vikings, pois eles têm chegado em levas cada vez maiores e mostram-se rebeldes e revoltados com a destinação tomada por suas almas. Vivem provocando embates com furor sangrento sob a alegação de que, sem a guerra, não poderão obter o mérito do Valhalla. Têm a concepção de que, se não se tornarem heróis, certamente serão vítimas da recusa de seus deuses e não há nada que os convença de que não estão em um local de pré-seleção de onde deverão ser encaminhados para lá.

— E por que vêm em grande quantidade conforme afirmaste? — perguntou Gustav, cheio de perplexidade, antes que Sete Portas o inquirisse impedindo-o de fazê-lo.

— É que os interesses de seus reis se sobrepõem ao valor de suas vidas e lá na Crosta têm sido executados aos milhares, visto negarem-se a seguir as ordens provenientes dos editos pontifícios. Além disso, muitas de suas tribos encontram-se enfraquecidas por serem comandadas por líderes contaminados pelo Cristianismo e que, por haverem adotado os novos ensinamentos transcritos em antigos pergaminhos, traduzidos à revelia de certos monges, transformaram-se em assustados homens diante da ideia de que, caso não se convertessem em tempo hábil, ao deixarem, pela morte, aquele mundo, seriam destinados a este reino e sofreriam insocorríveis tormentos nas mãos de LÚCIFER, o qual, sem nenhum comedimento, os cozinharia em enormes caldeirões de óleo fervente. Vocês já sabem, mais do que ninguém, que não é bem assim que as coisas se encaminham e que os sofrimentos que enfrentamos são sempre resultado de nossa própria semeadura, e cada um tem aquilo que faz por merecer. Quero que me ajudem a contê-los e fazê-los compreender que aqui lidamos com a realidade espiritual e não com situações imaginárias.

– Eu também cheguei às inferioridades cheio dessas ideias absurdas e foi difícil ajustar-me a essa conceituação – lembrou Sete Portas divagando a mente aos primórdios de seu ingresso naquele plano, quando sequer tinha a noção de que já não estava mais encarnado, situação que lhe foi alertada por Claudius, O RECOLHEDOR.

– É por isso que o elegi para a complexa incumbência – tornou Hazael. – Vou fazê-lo responsável por aquele assentamento e lhe darei uma guarnição de fiéis e destemidos GUARDADORES DE AGRUPAMENTOS que o obedecerão acima de tudo e seguirão as instruções que deverão ser sistematizadas por Gustav como seu assistente direto.

– Mas, afinal, quem na verdade és tu? – interrogou o danês.
– Sou o GRÃO-MINISTRO DE ASCHTAROTH.
– Grão, O GRANDE?! – volveu.
– Sim, homem. Sou o MAIOR DE TODOS OS MINISTROS. Aquele que se apresenta em jurisdição com autonomia outorgada pelo GOVERNADOR para decidir os destinos de todos os recolhidos a este território, bem como o tempo em que se ocuparão de suas funções ou punições.

– Então não é o MAIORAL deste lugar quem faz os julgamentos? – indagou Gustav, enquanto fazia um sinal para Krone como se quisesse lembrá-lo de que também se incluía e se interessava pelo assunto.

– Não, HOMEM DO LODO, assim vou chamá-lo a partir de agora. Ele está mais conciliado aos ditos quiumbas, que agem junto aos encarnados, espalhando o ódio, a cobiça, a arrogância e as guerras entre as nações que, ao se digladiarem, sem perceber, lhe enviam mais e mais escravos. Os líderes dessas contendas, por serem seus planejadores, como no caso que vos acerca, são enviados diretamente às profundezas, na mais degradante das camadas, onde BEELZEBUTH, com sua corte e suas artimanhas, se faz imperativo, e os demais, quase sempre pela venialidade de suas faltas, são atraídos para cá, onde há chances maiores de se reformarem pela influência e interferência, mais presente, dos SERES DA LUZ intrometidos em nosso meio.

– E que tratamento deveremos adotar para reverenciar-te? – perguntou Sete Portas.

– Chamem-me, simplesmente, de MESTRE HAZEL e nada mais.
– Se o GOVERNADOR ASCHTAROTH não se encarrega das condenações como acontece com BEELZEBUTH no outro lado da fronteira

e deixa para ti essa incumbência, pelo tempo que passaste infiltrado no Campo dos Carcomidos, deve haver um acúmulo de almas a serem avaliadas neste teu retorno, não é mesmo MESTRE HAZAEL? – inquiriu Surgat, tentando entender o porquê da distinção e limitação de autoridade do ALTO MANDATÁRIO.

– Haveria se, para tal, eu não pudesse crer na eficiência e na fidelidade de meus subordinados mais próximos, como no caso de Hamã, que me substitui nas funções todas as vezes que faço minhas incursões anônimas aos interiores abismais das estratificações do MAIORAL DOS MAIORAIS em busca de espíritos que possam se ajustar ao nosso nível vibratório, já que, aqui, os regimes se diferenciam graças ao grau de energização um pouco mais sutil; porém, não sem o mesmo rigor expurgativo e, por isso, nosso GOVERNADOR traz sua região de autoridade dividida em glebas administrativas, coordenadas por MINISTROS, conhecidos também como MESTRES, conforme vos ordenei chamar-me, aos quais delega plenos poderes de ação e disposição, contanto que estejam de acordo com seus interesses. Como PRIMEIRO-MINISTRO, arco com as obrigações de sete dessas circunscrições, nas quais mantenho, sob nomeação, os tais ADMINISTRADORES que, a exemplo do que faço em relação ao MAIORAL ASCHTAROTH, em periódicas reuniões, vêm reportar-se a mim, colocando-me a par de toda a situação. Serás um deles se souberes corresponder à minha confiança. Irás lidar com desencarnados excessivamente apegados às tradições que lhes foram enraizadas em sua estada na Terra. Deverás fazê-los entender que toda essa forma de estagnação do passado lhes será anulada de forma dolorida, caso não se ajustem às mudanças, ou se desapeguem dos conservantismos trazidos de suas Nações. Se eles vieram para cá simplesmente por haverem rejeitado a doutrina do REPARADOR DE CEGUEIRAS, Filho DELE (levantou o dedo indicador), devem então nivelar-se aos nossos métodos, a fim de não serem submetidos às convulsões do espírito causadas por rebaixamentos energéticos ou pelo encaminhamento aos terrificantes pântanos, ou ainda, aos dolorosos processos empregados pelos laboratórios do MAIORAL BEELZEBUTH, em mãos dos cruéis ARREGIMENTADOS, onde serão vitimados por agressivas, operações em que terão seus duplos fracionados para os experimentos, conforme você mesmo já teve o desprazer de experimentar.

– Então, devo entender que, nesta região dos ínferos, não existem charcos pútridos em que se mergulham corpos perispirituais para que se conservem ou se desenvolvam a ponto de atingirem um certo amadurecimento até que suas energias sejam transformadas em fortificantes e alimento do próprio LÚCIFER e de seus ASSESSORES DIRETOS, à guisa dos canibais tribais, dando-lhes resistência para penetrarem nas faixas vibratórias ascensionais sem perderem o vigor? – indagou Krone.

– Nos diversos departamentos deste imenso Campo governado por ASCHTAROTH, também existem as regiões de inundações formadoras de atoleiros, mas tais pontos de estagnações não chegam a produzir elementos de tamanha corrosão por ação dos hidrocarbonetos gasosos como na zona em que Claudius, O RECOLHEDOR, foi torturado, a ponto de tornar-se marcado por chagas e sinais da cabeça aos pés, tendo que ocultar seu molde corpóreo com capas ou longos mantos para que suas deformidades não ficassem à mostra. Aliás, essa história de sua permanência nos umbrais das trevas me faz lembrar-te de que deverias tê-lo observado melhor, pois assim concluirias que ele não poderia fazer com que tu perdesses parte de teu corpo, reconstruindo-a, posteriormente, porque, se tivesse esse poder, como eu o tenho, reconstituiria a si próprio para livrar-se daquelas coberturas – advertiu Hazael.

– E tu não poderias fazê-lo, proporcionando-lhe tal felicidade?

– Não! Pois o peso de seu dolo resulta de muitas reincidências ocorridas em várias reencarnações por tratar-se de afrontamentos diretamente ligados às Leis DELE (ergueu o queixo deixando clara a ideia de que estava se referindo a DEUS). Isso somente será possível pelo processo de uma radical reforma íntima alcançada com a ajuda dos Seres da Luz, aos quais, com intensa odiosidade, ainda abomina, e com o perdão concedido por suas milhares de vítimas, mortas, não pela busca de um ideal político, mas pelo intento de provar a si mesmo sua capacidade de destruir toda espécie de vida que DELE pudesse ser emanada.

– É, tu tens toda razão; entretanto, apesar do tempo já transcorrido, lembro-me muito bem de que, no trajeto, ao conduzir-me para o salão de julgamentos, ele me chamou de idiota e alegou não estar se fazendo de iludente ao confundir-me com tal fraude. Diante de sua afirmativa, daquele momento em diante, não mais ousei colocar meus olhos sobre sua tétrica imagem e segui cabisbaixo até o meu dramático destino – exprimiu.

– Realmente, tudo não passou de uma ligeira ação hipnótica necessária à tua intimidação, já que te mostravas relutante em aceitar tua condição de morto para o corpo carnal, mas vivo pela eternização de que todos somos detentores por causa da ligação com a SEMENTEIRA (DEUS), que nos gerou (olhando para os próprios pés, apontou para cima), plenos de perfeições que maculamos por conta do nosso arbítrio. Assim também viste ocorrer com o teu delator, na antiga estrebaria, ao ter o cérebro confundido pelas cargas imantadas pelo CONDUTOR CÃO DANADO – assegurou MESTRE Hazael. – Quanto aos Centros Laboratoriais, antes que me perguntes, quero adiantá-lo que também existem por aqui; no entanto, não são extratores de forças dinâmicas, quer sejam caloríficas, cinéticas, elétricas, eletromagnéticas, mecânicas, potenciais, químicas, radiantes ou de quaisquer outras procedências, que, um dia, aos habitantes do Orbe Terrestre, será, como tais, permitido conhecer. Essas propriedades ou características acabam, pelas técnicas aqui empregadas, recebendo novos impulsos e fortalecendo aqueles que a elas se submetem, em vez de torná-los exauridos, inutilizados e depois devolvidos aos elementos reagentes dos lodaçais.

O assunto já se estendia há algum tempo quando, repentinamente, como se lhes houvessem descerrado uma gigantesca cortina à frente, surgiu um panorama de movimentação nunca divisada em parte alguma do cárcere anterior.

Embasbacado, o normando deixou fluir uma incomum expressão de alegria e chegou até a sorrir ao constatar a existência da presença feminina na agitada Colônia.

– Acho que vou gostar daqui! – manifestou-se, sem esconder a euforia.

– E eu também – completou Gustav esfregando as mãos para dissimular a ansiedade.

– Será que encontrarei minha mãe por aqui?– interpelou Surgat Krone, esperando que Hazael lhe respondesse com veemente afirmativa.

– Não, homem! – desalentou-o o renomado MESTRE DAS HOSTES DA SEGUNDA HIERARQUIA UMBRÁTICA.

– Por quê?

– Porque ela foi encaminhada aos níveis mais elevados, onde os SERES SOCORRISTAS que trabalham para ELE (olhou para o alto) a acolheram e a livraram, por seus meios, dos reflexos da aflição que a acompanhou no comovente e trágico parto em que se desfez da vida para que tu pudesses viver.

– Como é que sabes disso?

– Sei tudo sobre tua história. Já te falei a respeito, aliás, não somente sobre a tua pessoa, como também sobre a tua família e o teu povo – afirmou, categoricamente, Hazael.

– Então não terei a oportunidade de conhecê-la? – interrogou.

– É lógico que sim, mas não aqui, neste lugar, tampouco nos páramos da angelitude.

– Mas, MESTRE, não disseste que ela foi elevada pelos chamados MENTORES DO BEM? – interferiu. – Nesse caso, basta que me cedas o robustecedor dos GRANDES CHEFES que é laborado pelos cientistas especializados que chegarei ao local em que se encontra, sem nenhum contratempo. Afinal, já que me nomeaste para o cargo de ADMINISTRADOR da Colônia Escandinava, creio fazer-me merecedor dessa recompensa.

– Mesmo que houvesse tal possibilidade, não poderias fazê-lo, inclusive porque Donien já não se identifica por esse nome, pois, tão logo se achou recuperada dos efeitos daquele episódio, reencarnou na Terra, e já o fez por diversas vezes. É hoje uma alma devotada aos trabalhos do acolhimento aos necessitados que têm toda espécie de carência e se encontram tolhidos, principalmente de alimentos, roupas e tratamento de saúde. Tua mãe daquela época encontra-se na clausura de um austero convento existente em solo espanhol, onde é conhecida por Joana, seu nome de batismo, ou melhor, Irmã Joana, e só deixa sua cela rumo ao exterior do recolhimento para prestar serviços assistenciais ou para esmolar pelos grandes centros em socorro das míseras aldeias espalhadas pela região.

– Não é possível que aquela que me deu à luz, sendo dinamarquesa e viking da melhor estirpe, tenha se convertido à religião daqueles que me assassinaram!

– Tu podes não acreditar, mas essa é a mais concreta verdade que, sobre ela, eu poderia te revelar.

– Malditos! Até depois de morta tinham que lhe fazer um mal desses!

– A mudança ocorreu de forma gradual e de acordo com as famílias no seio das quais veio a renascer em um corpo material – explicou Hazael.

– O que é preciso fazer para que eu possa vê-la?

– É imensa a distância que os separa; assim, tão cedo não haverá nenhuma possibilidade de especulares qualquer coisa, a não ser com a ajuda dos ILUMINADOS, ou então se elevando no conceito do MAIORAL para que te permita subir à Terra, acompanhado de uma de nossas falanges depois de ingerir o eficiente preparado.

Após reencontrar-se com sua gente e cumprir a missão que lhe havia sido determinada, contando com a ajuda de vários contemporâneos não transmutados aos ensinos de JESUS CRISTO, inclusive com o auxílio de Werther e de Heinz, que integravam a população nórdica do ajuntamento, Sete Portas, paulatinamente galgou a credibilidade junto ao MESTRE HAZAEL culminando com a autorização especial para mobilizar-se nas sobreposições vibratórias de maiores sutilezas, recebendo, para isso, alguns poderes, indiretamente auferidos pelo próprio GOVERNADOR, já que o Grão-Ministro a concedeu baseado nas normas impostas pelo próprio MAIORAL. Elas o fizeram subir na hierarquia, de modo a tornar-se um intermediário direto entre os homens delituosos do mundo físico e as entidades as quais eles invocavam e adoravam por meio da demonolatria, a exemplo do reverendo Durand na França.

Como ADMINISTRADOR, no uso das prerrogativas do cargo, Sete Portas vingou-se de diversos inimigos do passado, imputando-lhes os piores corretivos permitidos pelas normas daquele Plano. Tirou das malhas da escravidão opressiva todos os seus companheiros de aventuras que lhe haviam sido fiéis. Quanto aos seus oponentes mais poderosos, fê-los passar pelo ápice da humilhação, obrigando-os a render-se de arrasto, implorando por sua clemência.

Na Colônia, conheceu e envolveu-se com Gilda, uma viking pervertida da estirpe dos rus, que, por não saber controlar os impulsos da carne, a vaidade e a cobiça desmedida, morreu em um vilarejo dominado por um rico bizantino que, inteirado de suas violações aos costumes de sua cultura e valendo-se da forte influência e poder que detinha junto ao imperador, ordenou que a apedrejassem até que tivesse o fôlego consumado. Isso sucedeu em tempos anteriores à epopeia de SURGAT KRONE, e o bravo guerreiro dela se encantou por sua destacada beleza que, inclusive, se assemelhava, nos traços faciais, com os da linda e inesquecível Irmgard, com quem um dia sonhou se casar e ser feliz.

# Capítulo 23

## A Aliança

Com o passar dos anos e dos séculos seguintes a essa fase, Sete Portas acabou conquistando o direito de transitar e agir da forma que melhor lhe aprouvesse em meio às camadas de interligação direta com o mundo corpóreo, agindo nas frequências de maior desequilíbrio, constituídas por irradiações mentais e articuladas às anomalias inerentes ao caráter e ao comportamento de alguns sórdidos indivíduos identificados com os dotes da maldade.

Por meio de uma troca recíproca, à base do "toma lá dá cá", estabeleceu-se uma equilibrada associação, de modo a permitir ambos os lados que usufruíssem vantajosos resultados, conforme seus desejos, nesse processo de ludibriações previamente arquitetado.

A aliança feita com o flagelo espiritual dos quiumbas levou-o a tornar-se um deles e a cometer toda sorte de delituosos desatinos, todas as vezes que, sozinho ou em bandos, se infiltrava entre os seres encarnados e suas sociedades, objetivando cumprir ordens superiores ou saciar seus absurdos desejos de vê-los desorientar-se e sofrer. Para isso, estimulava suas baixas energias, fazendo-as envolver aqueles que traziam a alma governada pelas inferioridades e desregramentos naturais, tornando-lhe, com isso, facilitado o trabalho.

Surgat já havia aprendido e desenvolvido as técnicas de jugo em padrões obsessivos, pelas quais os dominava e transformava em lunáticos, enfermiços e incuráveis, já que ou eram desavisados, desprotegidos, ou não tinham nenhuma ascendência moral, o que lhe permitia levá-los à submissão e ao constrangimento das mais duras sanções, aplicadas pelos desmandos dos tribunais autoritários e soberanos da classe clerical, detentores do poder geral, os quais os puniam com intolerância, considerando-os hereges, pecadores e, portanto, culpados, em avaliações intransigentes, sentenciando-os à morte, à excomunhão ou ao desterro.

As organizações bem estruturadas do astral inferior converteram-no em um disciplinado cumpridor dessas atividades, colocando-o, frequentemente, adiante da tarefa de capturar, entre os "vivos", as criaturas mais propensas e vulneráveis, fazendo-as vítimas de suas próprias emissões magnéticas. Foi assim que, certa ocasião, no comando de um bando de facínoras das hostes abismais, viu-se atraído pelas emanações vibratórias de Habalin, um bruxo de ligações inveteradas com antigas hierarquias demoníacas, que habitava um sinistro casarão em ruínas nas entranhas de uma floresta existente na esquecida e remota região do reino de York, em Danelaw, próxima da Mércia Dinamarquesa.

O esquelético feiticeiro sobrevivia das manipulações de poções e dos encantamentos resultantes dos malefícios que lhe eram encomendados pelos vis e interesseiros homens que, muitas vezes, chegavam-se a ele somente após vencerem longas e aventurosas viagens em que se defrontavam com perigos frequentes, considerando que, ao final, lhes viria à recompensa.

O mago ainda se achava recurvado diante de estranhos símbolos grafados no chão úmido do lugar, tendo diversas travessas feitas de argila ocre ao redor de cada figura, contendo vísceras de aves e de outros animais e várias taças repletas de sangue que, apesar de já coagulado, ainda impregnava o acentuado e característico cheiro por todo o interior da habitação. Um candelabro em formato de serpente sustentava muitas lamparinas que se desfaziam, lentamente, devoradas por pálidas chamas ofertadas ao REI DAS DEGRADAÇÕES, quando Sete Portas, com sua intransigente e rebelde facção, penetrou no ambiente:

– Quem está aí? – bradou Habalin, cheio de expectativa, ao sentir um forte arrepio percorrer-lhe a espinha e todo seu sistema neurológico fazendo-o tremer sem controle.

– Eu, SETE PORTAS, O ADMINISTRADOR de Hazael e de ASCHTAROTH, acompanhado por meus companheiros de faixas umbrosas do reino do MAIORAL DOS MAIORAIS – respondeu de forma clara após lhe dominar o campo mental e seus canais auditivos.

– Mas foi ao diabo que invoquei e não a ti, com quem nunca me avistei! – exclamou o sujo velho de olhos negros com cantos pendentes para o exterior, dentes apodrecidos, ocultados por um ralo bigode entrelaçado à barba mesclada entre o castanho e o branco amarelado e que usava uma túnica azul-marinho enodoada pelos respingos que lhe deixava cair ao preparar as infusões mágicas que, aliadas aos rituais satânicos, lhe garantiam o sustento.

– Não, homem! O que requereste foi a visão do reflexo de tua própria alma e aqui estou para apresentá-la, integralmente, e demonstrar o mérito que já auferiste junto ao REI DAS TREVAS. Que queres obter? Vingança? Riqueza? Prestígio? Diga, pois, com a autoridade que trago, certamente, em nome do ANJO DOS ABISMOS poderei ofertar-te, desde que venhas a te tornar meu aliado, oferecendo-me esses holocaustos para que eu possa me servir de seus eflúvios vitais cujo acesso não me é permitido como acontece com o ANJO SEM LUZ e seus MINISTROS lá no mundo das profundezas em que se saciam e se revigoram com os preparados enviados pelos laboratórios, cuidados por competentes cientistas ARREGIMENTADOS.

– Quero que me ajudes a seduzir certa donzela, fazendo-a apaixonar-se por um de meus fiéis seguidores, um poderoso príncipe de um país obediente ao *islã* (religião e civilização dos muçulmanos), que de lá se arvorou em longa jornada, para incumbir-me dessa fascinação. Seu nome é Faruk e o dela é Elvira, a dileta filha de Rhaman, um rico comerciante de Bagdá que, entretanto, planeja entregá-la ao rei Mohamed da vizinha Pérsia. Este tem muito mais a lhe oferecer além dos dotes representados por joias e outros tesouros e, por isso, já mandou que seus empregados proclamassem sua decisão por todos os cantos da grande cidade e das vilas adjacentes. O soberano que a apreciou entre a multidão de vivas, proferidos à sua passagem pelos caminhos que o conduziram, em visita ao palácio do monarca Homeid, pai de Faruk, depois de enviar seus ministros ao genitor da bela moça convidando-o para integrar sua comitiva com as honras de sua amizade, lhe propôs os cargos de *grão-vizir* (primeiro-ministro) e de *cadi* (juiz) cumulativamente, a serem exercidos em um de seus vastos territórios, doando-lhe, inclusive, um formoso e rico castelo que lhe poderá servir de habitação. No imenso salão onde foi acolhido, assentado ao lado de Homeid, cognominado "O Ousado", Faruk, vendo-a em companhia do pai, dela se enamorou, sentindo pulsar-lhe o peito de maneira jamais experimentada. Em outras ocasiões – continuou Habalin –, eu já havia feito, em segredo absoluto, alguns rituais e preparado vários talismãs que o fizeram admirado e querido entre o seu povo; porém, essa nova missão que a mim atribuiu requer muito mais que isso, visto que a única chance que resta a ele de lhe conquistar a afeição reside na morte de Mohamed e do próprio Homeid, para que, assumindo o trono que lhe é de direito, como legítimo sucessor, possa proporcionar agrado maior a Rhaman, fazendo-o mais rico ainda, para, de posse de sua dignidade, desposá-la, obtendo assim o maior de todos os tesouros, jamais possuído por nenhum outro nobre já existente em qualquer reino havido entre o Mar Vermelho e o Golfo Pérsico, bem como em todos os desertos das Arábias. Somente com a ajuda de LÚCIFER, a quem ele costuma chamar de CHEITÃ, e de todas as forças infernais, conseguirei fazer com que seja atingido seu objetivo.

– Façamos um acordo e te ajudarei – sugeriu Krone.

– E o que tens a propor-me? – inquiriu Habalin, movido por curiosa desconfiança.

– Por sete anos subsequentes, em data coincidente à de hoje, ficarás comprometido em derramar teu próprio sangue em um frasco de cristal, tirando-o de teus finos pulsos para que, em rito especial, me seja dado em oferecimento – explicou mostrando-se em suas formas plasmadas depois de lhe dominar os canais que possibilitam a visão transcendental.

– Sim, ó grande ADMINISTRADOR! Prometo que tudo farei para mostrar-me agradecido por tua valiosa ajuda, pois não pretendo me demonstrar inapto perante tão importante personalidade.

– Tudo bem! Aguarda e verás – advertiu. – Mas não tentes me enganar, pois poderás te arrepender amargamente se vieres a cometer alguma atitude intransigente.

– Não, Mestre Sete Portas. Jamais me esquecerei – foi taxativo.

Em menos de um mês, o cabedal de técnicas maldosas do viking fez com que o rei persa Mohamed perdesse o juízo e terminasse destronado em razão da irreparável insânia. Homeid, pai de Faruk, foi morto nas proximidades de um *caravançará* (grande abrigo, no Oriente Médio, para hospedagem gratuita de caravanas), em que hordas inimigas o espreitaram e, de súbito, também aniquilaram toda a guarda que o escoltava.

Com medo de cair no esquecimento ou de empobrecer mediante as crises que se sucederam aos acontecimentos, o avaro e interesseiro negociante Rhaman cedeu Elvira a Faruk e, Habalin, vencido o prazo determinado pelo tratado, por não havê-lo cumprido, sucumbiu, enquanto dormia, rodeado pelo fogo que o consumiu na deteriorada casa, por força de suas lamparinas, derrubadas por "inexplicável" ventania.

Foram muitos os homens dominados por toda espécie de vícios e inferioridades que, por suas particulares mazelas da alma, se envolveram com as intricadas fluidificações produzidas por suas mentes escravizadas à mesquinhez das exacerbações e que sequer se deram conta de que, por si e pela ausência de vigilância espiritual, haviam se transformado em progressivos possessos, vitimados por patologias crônicas na alma, quase irrecuperáveis ante a ação do processo obsedante, recorrente e aflitivo, gerado por suas obstinações que permitiam ao insensível danês, com todos os seus obedientes e tementes legionários, permanecer, indefinidamente, divertindo-se com atos de zombarias à custa de seus fracassos.

Sete Portas, de tempos em tempos, passou a retornar ao REINO DAS TEMERIDADES, somente para rever Gilda, que continuava restrita ao âmbito das contensões, limitando-se à submissão imposta aos condenados que os mantinha sob a força e o poder do GÊNIO DA ESCURIDÃO.

## Capítulo 24

## A Captura

Sem negar seus préstimos àqueles que o invocavam por meio de rituais ou pensamento, Sete Portas viu passar algumas centenas de anos em envolvimentos de natureza satânica, fingindo deixar-se dominar por seus solicitantes, vendo-os pedir com insistência que lhes concedesse vantagens, regateios e sovinices ao mesmo tempo em que enveredavam pelas trilhas sombrias da infâmia moral, para depois se tornarem escravos de suas emanações fluídicas. Assim, podia usá-los ao seu bel-prazer, na execução das mais degradantes tarefas e, inclusive, definhar-lhes a carne e o espírito, para posteriormente os arrastar à mesma trajetória por que teve de passar.

Aqueles que dele se serviam para a dominação de nações inteiras sob o despotismo intencional ficavam obrigados ao cumprimento de inúmeros pactos, sob pena de verem se quedar todo o seu poderio em vexatórias situações.

Não raro, a exemplo de Habalin, o bruxo dos confins de York, caíam no embaraço de não corresponderem ao juramento e, como abutres carcomendo com voraz apetite os cadáveres abandonados sobre a terra, os quiumbas, a mando do viking SETE PORTAS, desciam sobre esses infelizes, banqueteando-se a sorver-lhes toda a vitalidade, até tombarem desvanecidos, sem tempo para ponderações.

Essas entidades do mal se apoderavam do mental de qualquer um, pouco importando se suas vítimas tinham alguma crença que as pudesse defender de suas reprimíveis ações. Incentivavam as contendas agressivas e o morticínio de animais, para que, pela vertência de sangue, pudessem se fartar, extraindo-lhes as substâncias vitais de seus sistemas metabólicos, quase sempre ricos em vibrações inferiores, tratando-se de viventes irracionais, e de tônus mais acentuado, quando aspiradas dos humanos.

Apesar de perambularem pelas camadas interligadas ao mundo da matéria, ainda tinham ligações constantes com os subníveis espirituais infernais e, desta feita, em virtude dos frequentes choques redundantes das diferentes energias encontradas nos vários planos que os intermediavam, precisavam equilibrar-se por meio de certos elementos contidos no sangue, imprescindíveis nos seres animados pelos instintos ou por uma força inteligente. Assim, sabendo que nesse elemento se encontravam os vitalizantes solares como o *prana* (o princípio da vida), o magnetismo da Lua e os fluidos do Universo como um todo, e que tal líquido se tornava imantado por cargas captadas do éter físico, emanado do próprio planeta, fluindo pelo duplo-etérico para dar sustentação à saúde ou reorganizá-la na ocorrência de enfermidades, infiltrando-se pelas zonas nevrálgicas até os pontos necessários à sua ação, entre outras funções, procuravam alimentar-se dessas ofertas, sentindo-se refeitos, revigorados e aptos a agir com maior dinamismo para dar continuidade às suas abominações.

A astúcia que esses veteranos quiumbas reuniam era um caminho aberto para a vampirização de recém-desencarnados levados aos cemitérios para serem sepultados, dos quais retiravam os resíduos vitais ainda existentes na contextura espiritual e carnal, só não o fazendo quando se tratava de falecidos moldados pela luz de suas qualidades de bondade, fé, amor e magnitude da própria alma. Nesses casos, tais agressores apenas espiavam, cheios de sequiosidade, sem meios de agir, indo, então, em busca de outras criaturas viciadas ou escravizadas pelos prazeres dos quais parasitavam a seiva fluídica de vibrações pesadas, coadunáveis com suas condições de inferioridade.

Algumas vezes, quando se agrupavam em grandes súcias nos campos dos conflitos armados, instigados entre os homens por meio da incitação à guerra, em que podiam se regalar qual abastados reis em fartas mesas, um ou outro desses espíritos trevosos era sequestrado pelos grupos de falangeiros do Bem ou pelos entes da neutralidade, habitantes de estratos mais próximos ao mundo físico e que se denominavam EXUS PAGÃOS.

Para eles, não havia critérios. Agiam tanto favorecendo os anseios alimentados por deformidades de personalidades repletas de ambições desmedidas, ciúmes, ódio, falsidade, despeito ou de outras fontes afins, como destruindo esses focos, levando, inconscientemente, o alívio aos atormentados por tais anomalias.

Essas imparciais entidades não se prendiam aos valores conceituais do Bem ou do Mal, atribuídos pelos Espíritos da Luz, pois, para elas, todas as variações representadas por tais formulações abstraíam-se como meras ações ligadas ao equilíbrio cármico, ativadas por operações de reajustes ou de cobranças que eram destinadas ou atraídas para a sua intermediação ou execução.

Gustav, que em tempos anteriores havia obtido, por mérito reconhecido, o salvo-conduto outorgado por Hazael, de modo a autorizá-lo a acessar aos mesmos níveis em que Sete Portas há muito já se encontrava, depois de havê-lo substituído no comando das Colônias Bárbaras em que se achavam abrigados os "Filhos de Escânia" e os germânicos, em sua maioria góticos, suecos, dinamarqueses, noruegueses, islandeses e os de miscigenações inglesas, alemãs, frísias, Iídiches, holandesas, além de outras que falavam dialetos flamengos da Bélgica ou de procedência africâner, respectivamente procedentes das regiões oriental, setentrional e ocidental da Crosta Terrestre, aliou-se aos demais membros dos grupos dos planos abismais obedientes ao loiro agigantado, indo ocupar, como no passado terreno, lugar de destaque junto ao companheiro de beligerâncias.

Certa feita, a incitada horda se achava regalando-se sobre o estimulante rio de sangue formado nas ruas de Paris em consequência da matança dos *huguenotes* (protestantes calvinistas, assim chamados pelos católicos franceses), ordenada pela diabólica rainha Catarina de Médicis, no confronto em que, impiedosamente, foram ceifadas vidas aos milhares, em razão dos ideais ditos religiosos, cuja investida foi chamada de A NOITE DE SÃO BARTOLOMEU,[9] quando, inesperadamente, se viu cercada e imobilizada por uma imensa falange composta por subalternos dos temíveis (para eles) pela ascendência de que eram detentores: Exu VELUDO ou "Sagathana", Exu TIRIRI ou "Fleruty", Exu DOS RIOS ou "Nesbiros", Exu MARABÔ ou "Put Satanakia", Exu MANGUEIRA ou "Agalieraps" e Exu TRANCA-RUAS ou "Tarchimache", todos componentes da terceira HIERARQUIA da QUIMBANDA (um campo de vibrações intermediário entre os magnetismos mais ligados às afinidades materiais e à mesquinhez humana, cuja atuação, por falta de um conhecimento mais profundo, ainda não se fazia conhecer por tal nomenclatura entre os seres encarnados, da época), e o estágio de libertação desses interesses que, de modo natural e movido pela "Inteligência Divina", conduz os seres à Sua verdade.

Sete Portas não sabia que estava fadado a um envolvimento direto com o próprio ASCHTAROTH, que, naquela escala de autoridade, se posicionava acima de todas as legiões, respondendo pela denominação de Exu REI DAS SETE ENCRUZILHADAS.

Enquanto o bravo dinamarquês, sem alternativas, capitulava em rendição que lhe soou como vergonhosa e disparatada, nos ínferos, de onde ele havia saído com seus comandados, uma grande mobilização acontecia para receber os religiosos vitimados pelo combate reformista que, em expressiva quantidade, se apinhavam às suas portas, desconhecendo suas reais condições de mortos físicos e que, pelos devidos encarregados ou RECOLHEDORES, iam sendo distribuídos por seus vários departamentos e enclausurados nos diversos setores, onde iriam permanecer, até que fosse editado o dia de seus julgamentos.

---

9. Carnificina ocorrida em 24 de agosto de 1572 na capital francesa, por ordem da rainha Catarina de Médicis, que determinou que fossem mortos todos os protestantes calvinos que se encontravam na cidade para as festas do casamento de Henrique de Navarra com Margarida de Valois, irmã do rei Carlos IX. Nessa tragédia, morreu também o chefe dos protestantes chamado Gaspar de Coligny.

Em postura submissa, o que intimamente lhe deixava revoltada a alma, o líder nórdico teve de se curvar em reverência a SETE ENCRUZILHADAS, tal como viu fazer todos os que lá se encontravam quando este se aproximou.

Krone jamais havia tido a oportunidade de o conhecer ou de o ver pessoalmente como bem recordava haver acontecido na confusa e apavorante visão das figuras alternadas que lhe foram exibidas no tribunal pelo "ácido" BEELZEBUTH.

ASCHTAROTH pareceu-lhe mais sensato. Tinha formas humanas e demonstrava firmeza em seus propósitos. Não causava asco e até irradiava certa simpatia pelo seu jeito de ser. Trazia os braços e o peito nus, tendo sobre o dorso uma longa capa vermelha cujas pontas se abraçavam adiante do pescoço e serviam de amarras para um pendente medalhão estampando símbolos representados por dois tridentes de extremidades duplas, tanto na vertical quanto na horizontal, como a indicar o rumo dos quatro principais pontos cardeais ou os elementos constituintes dos campos de atuação em que exercia autoridade e domínio: a Terra, a Água, o Ar e o Fogo.

As delineações de sua escultura exibiam certa obediência de distribuição. Na parte inferior, podia ser visto trajando uma calça folgada, em tecido cinza-escuro e com as barras enfiadas no cano das botas pretas. Sua feição seria sedutora, não fossem os olhos profundos, sem brilho e de tons amarelados. Os cabelos, muito negros e compridos, desciam encaracolados cobrindo-lhe as orelhas e a nuca. As mãos com dedos longos e unhas pontiagudas deixavam escapar por suas extremidades uma poderosa energia capaz de desafiar as forças mentais e corporais de todos os indivíduos que se achassem desprovidos da luz, à exceção daqueles que a ele se nivelavam ou se posicionavam acima na ordem das graduações ou de respeitabilidade; e sua voz grave e de tonalidade forte sempre soava imperativa e inflexível causando contagiante temeridade.

– Quem é o líder deste bando? – perguntou SETE ENCRUZILHADAS aos novos capturados que se acotovelavam entre as pontas das flamejantes lanças de seus exércitos.

– Eu! – afirmou Sete Portas, adiantando-se de forma heroica para ser destacado.

– Quem te constituiu tal autoridade? – inquiriu o Exu.

– Hazael, o teu PRIMEIRO-MINISTRO, fez-me ADMINISTRADOR da Colônia Bárbara e concedeu-me tais autonomias – respondeu.

– E por isso abusaste de teu subalterno poder corrompendo teus GUARDADORES DE GRUPAMENTOS e subindo ao mundo dos viventes na carne em momento inoportuno, não é mesmo? Quem és tu? – interrogou SETE ENCRUZILHADAS.

– Meu nome é Surgat Krone. Sou filho de Waychman e de Donien, da tribo de Krauser na antiga Dinamarca, mas todos me chamam de Sete

Portas desde que tomei o castelo de um conde de opção sexual duvidosa que o habitava, à beira do rio Garona, em solo francês, tão logo derrubei os sete portais que o rodeavam.

— É um nome bem sugestivo, portanto o manteremos! — exclamou o Exu REI, ao mesmo tempo em que, com um leve aceno, ordenou que o retirassem do volteio de suas legiões.

De repente, em meio do contingente aprisionado, Gustav levantou o braço e se denunciou:

— Eu também o acompanho à frente de suas iniciativas e, se algo tiver que lhe acontecer, quero partilhar em solidariedade, pois a ele devo minha libertação dos pântanos de BEELZEBUTH.

— E tu quem és? — indagou ASCHTAROTH, fazendo-se flutuar no ar por meio da manifestação de sua própria vontade.

— Sou chamado de Gustav e venho das mesmas origens de Surgat — afirmou.

— Surgat, não! SETE PORTAS, aliás, Exu DAS SETE PORTAS. Assim deverá ser chamado, a partir de agora em qualquer região dos territórios da penumbra, das trevas ou mesmo diante da luz de certos MENTORES que, embora ainda vós não entendais o porquê de seu concurso, poderão um dia vir a se servir e em breve fazê-lo trilhar os sete caminhos que o conduzirão, sem retrocesso, aos níveis da evolução — alertou e repreendeu-o com circunspecção, mantendo-se em levitação, agora sobrevoando a imensa aglomeração.

— Chamei-o de Homem do Lodo depois de ter sido reanimado por Sete Portas — interveio Hazael que acabava de chegar para verificar, no próprio local, a procedência dos incontáveis espíritos recém-ingressos nas regiões sombrias pelo peso de suas culpas.

— Então, já não mais existirá o guerreiro viking Gustav. Deste momento em diante, a exemplo do que fiz com Sete Portas, serás denominado O Exu DO LODO e atuarás nos limites da QUIMBANDA captando as energias metanoicas dos pantanais para a utilização que se fizer necessária àqueles que nos invocarem para pôr em prática as suas sedições — determinou O Exu REI DAS SETE ENCRUZILHADAS descendo ao solo para postar-se diante dos recém-nomeados. — Quanto aos adeptos de suas atitudes, serão recambiados às suas devidas confrarias, pois ainda se acham distantes dos patamares que esta inexplicável força os levou a atingir.

A mudança de faixa vibratória da QUIUMBANDA (culto ou concentração de espíritos trevosos, considerados verdadeiros marginais do mundo astral e que reúnem toda espécie de abominação à divindade, assim como às Legiões representativas do Bem, e, por isso, se dedicam exclusivamente à prática do mal) para a QUIMBANDA não aconteceu sem que antes fossem severamente admoestados pelos berros dados por ASCHTAROTH, visto que as calamidades e os genocídios induzidos pelas fluidificações malignas, tanto provenientes dos homens encarnados por meio de realidades moldadas por seus corrompidos impulsos mentais, quanto oriundas dos espíritos trevosos, destinavam-se, antes de tudo, ao suprimento e à imantação do negro universo e dos muitos estágios formadores do imenso abismo dos umbrais, onde chegavam com desmedida força deletéria, no papel de fonte geradora e mantenedora de sua sobrevivência, tal como a chuva que não cai somente sobre uma única árvore, mas o faz sobre a floresta como um todo, favorecendo toda a vegetação de determinada região de forma igualitária.

Não se permitia o seu aproveitamento, feito isoladamente ou para o atendimento dos interesses de pequenas facções em detrimento dos demais. Para isso, era necessário que os quiumbas obtivessem uma autorização especial junto aos seus superiores ou feitores, o que praticamente seria impossível, já que, na condição de escravos, havia um natural distanciamento entre eles; assim, tomados pelo temor e pelo poder que tais comandantes detinham, obrigavam-se a obedecer passivamente. Tal prazimento somente se viabilizava nas situações isoladas, em que se apoderavam de suas presas, por meio de dominações obsessivas, classificadas como fascinadoras ou subjugadoras, a ponto de permitir que fossem vitimados por atos de vampirização.

Agora, ambos já não mais agiriam com o intuito único de praticar o mal pelo mal somente para a obtenção do substrato fundamental retirado da mente ou da alma dos seres viventes na Crosta Terrestre, mas, como faca de dois gumes, estariam se ajustando aos recursos exigidos no novo plano, ingerindo substâncias ditas sucedâneas, cujas propriedades as substituiriam, perfeitamente, pela semelhança apresentada em seu princípio ativo, com as quais se manteriam em equânime sintonia com as novas forças ali encontradas.

Seriam cobradores cármicos e, como tais, receberiam em outorga um galardão que lhes permitiria chegar próximos aos caminhos da luz, cujos efeitos, desde a época de seus ingressos nos Campos de Contenção Magnética, lhes foram vetados, impedindo-os de conhecer ou de vislumbrar.

## Capítulo 25

## A Cegueira Espiritual

Depois de se infiltrar nos tribunais inquisidores, em que instigou as mentes corrompidas de seus julgadores quando foi reorganizado pelo *Concílio de Trento*,[10] no qual tais indivíduos submetiam à apreciação da Igreja as questões referentes à heresia, à magia, ao cisma e à poligamia, cujos resultados sempre culminavam com o favorecimento dos reis; e após haver se envolvido, pela prática da injeção fluídica de estímulos, entre outros, em fatos marcantes da história mundial como as guerras religiosas que eclodiram na Europa, a Revolução Francesa, as Invasões Napoleônicas, o Colonialismo redundante da Reforma Industrial, os movimentos escravocratas impingidos contra os negros africanos que, como reles objetos, eram comercializados e explorados sem complacência ou comedimento de seus senhores; e depois de ter formalizado parciais alianças com cérebros causadores das duas maiores guerras já experimentadas pelo Planeta, sendo que, na última delas, inteligências trabalhadas por forças infernais desenvolveram armas atômicas, capazes de promover, como o fizeram, o extermínio de milhares de seres viventes e de arrasar cidades inteiras causando intenso mal prolongado por seus efeitos radioativos, Sete Portas atingiu a nossa contemporaneidade, acompanhando a corrida espacial, a chegada do homem à Lua, a era das comunicações imediatistas e globais e o avanço tecnológico da informatização.

Por muito tempo, o Exu dinamarquês manteve-se cuidando de interesses associados à mesquinhez, ao egoísmo, à arrogância, à falsidade e a todos os outros defeitos das almas humanas e, embora tivesse sido designado para a chefia da 13ª Legião da imensa falange de Exus comandada pelo pequenino CALUNGA ou "Syrach", também chamado de Exu CALUNGUINHA ou Exu GNOMO, em uma competente atitude de grande saber demonstrado pelo Exu REI DAS SETE ENCRUZILHADAS,

---

10. Assembleia de prelados em que se tratou de assuntos dogmáticos, doutrinários e disciplinares sob a convocação do papa Paulo III, cujas decisões foram tomadas entre 1545 e 1563.

quando o fez ver que, na espiritualidade, em qualquer que seja sua escala, o tamanho físico do ser nada representa, suas ações foram limitadas a uma imutável obediência superior, sendo acompanhado, em tais restrições, pelos demais líderes que a ele se comparavam dentro do numeroso grupo ao qual se incorporavam os seguintes Chefes: Exu DO VENTO ou "Bechard", Exu QUEBRA GALHO ou "Frimost", POMBA-GIRA ou "Klepoth", Exu SETE CACHOEIRAS ou "Khil", Exu DAS SETE CRUZES ou "Merifild", Exu TRONQUEIRA ou "Clistheret", Exu SETE POEIRAS ou "Silchard", Exu GIRA MUNDO ou "Ségal", Exu DAS MATAS ou "Hicpacth", Exu DAS SETE PEDRAS ou "Humots", Exu DOS CEMITÉRIOS ou "Frucissière", Exu MORCEGO ou "Guland", Exu DAS SOMBRAS também chamado de SETE SOMBRAS ou "Morail", Exu TRANCA TUDO ou "Frutimière", Exu PEDRA NEGRA ou "Claunech", Exu CAPA PRETA ou "Musinfin" e Exu MARABÁ ou "Huictogaras". Cada qual respondia por uma dessas Legiões sob as ordens da superior entidade, às vezes também denominada Exu DUENDE, enquanto, em outra região do mesmo plano, seu amigo Exu DO LODO, ex-Gustav, havia sido encaminhado às atuações similares, indo juntar-se aos demais comandados do Exu PINGA-FOGO, onde ficaria resguardado pela correspondência vibratória do orixá YORIMÁ[11].

Agindo no mais justo procedimento adotado na relação imposta pelo carma coletivo, grupal ou individual, suas intervenções seguiam em rigorosa obediência às Leis que os regulavam, sem fugir às condições de operações na prestação de serviços de classificações inferiores, porém necessários, já que em tudo existe um paralelo e todas as ações para serem manifestas necessitam de que haja seus executores.

Cada um desses Mentores Legionários do MESTRE CALUNGUINHA agia de acordo com as afinidades astrais que lhe eram apropriadas e de forma a se manter nos espaços correspondentes às variações eletromagnéticas com as quais se identificava.

Era assim que eles conseguiam criar certas larvas ou elementos danosos e proliferativos com que imobilizavam as reações humanas, exercendo sobre tais infelizes o domínio mental e corporal.

Dos meios aquosos, aéreos, ígneos (do fogo) ou térreos, retiravam todas as energias geradoras desses parasitas, que dependiam de tais ambientes como fonte de nutrição para poderem sobreviver ao ciclo vital e serem moldados e animados conforme as intenções de seus cultivadores.

Contra tão nocivos efeitos não havia antídotos capazes de amenizar ou lhes anular as consequências, exceção feita aos esforços procedentes de uma iniciativa pessoal e espontânea em que se tornassem evidentes as

---

11. Senhor da Magia e da experiência adquirida por seculares encarnações.
Orixá velho, alto conhecedor das antigas fórmulas mágicas e que se apresenta na roupagem de Preto-Velho para distribuir ou ensinar as verdadeiras mirongas sem deturpações.

manifestações de fé do envolvido ou da disposição do próprio Exu que os tivesse dado existência, no sentido de suprimi-los. Em alguns casos, tais influências podiam ser combatidas pela interferência dos Exus de Lei, dos ocupantes de postos hierárquicos mais elevados ou tabém por intermédio da *Mão Salvadora dos Espíritos de Luz*, pois, em se agindo ao contrário, o envolvimento desses minúsculos organismos enfermiços assumiria força crescente, tornando-se difíceis de serem refreados e, portanto, fortalecidos de forma incontrolável, a ponto de levar o obsedado à derrocada fatal.

Os EXUS PAGÃOS, entre os quais Sete Portas foi incluído, também manipulavam com o gume do Bem suas poderosas espadas, conquanto só o fizessem sob o jugo dos Espíritos Iluminados cuja irradiação lhes causava tanto sensações benéficas que lhes traziam refrigério e mansuetude na alma, quanto ardores corretivos que os faziam recompor em suas vítimas, pela destruição de suas negativas fluidificações, todas as faculdades naturais que já haviam sido, por eles, afetadas.

Embora se posicionasse na escala hierárquica do exército do Exu CALUNGUINHA como líder de um considerável contingente formado pelos menos privilegiados, Sete Portas continuava com a razão obstruída por uma cegueira espiritual e envolvido em toda ordem de atitudes condenáveis.

A facilidade com que se relacionava com os encarnados, lograda pela proximidade aos planos terra a terra, lhe permitia ter participações mais atuantes em todas as questões, direta ou indiretamente ligadas aos interesses mundanos.

A irresponsabilidade moral e o desrespeito aos conceitos ditados pelos padrões comportamentais dos humanos levavam-no a ferir o livre-arbítrio de quaisquer que fossem os seus escolhidos.

Surgat agia de acordo com as circunstâncias de momento, ora defendendo um ou outro, ora criando antagonismos com aqueles que antes o favoreciam; assim, tanto se deleitava com o espetáculo da deprimente exploração dos seres, quanto se repugnava ante os que a praticavam e, por conseguinte, procurava eliminá-las atuando em favor dos oprimidos, em uma postura de total controvérsia.

Tudo dependia, unicamente, do conceito estipulado em relação às vantagens que viesse a auferir, pois sua índole sempre o conduzia aos interesses próprios e nada fazia sem barganhar.

Sete Portas tinha a convicção de que a decisão do que era certo ou errado em relação aos viventes do campo físico não lhe dizia respeito e, por isso, preocupava-se somente com a realização da tarefa ordenada ou contratada para ser executada, bem como com o recebimento das oferendas geradas pelo conluio, as quais, sem nenhuma complacência, sempre se achava disposto a cobrar.

Com o tempo, o Exu danês aprendeu a estabelecer sincronia com as forças e os segredos ocultos na *Lei de Pemba* e, todas às vezes que descobria ou sentia as vibrações emanadas dos pontos grafados por seus recorrentes e representados por determinados símbolos de efeitos cabalísticos a ele ligados, sua reação tornava-se imediata e rapidamente comparecia ao local do chamamento, na expectativa de receber novos agrados ou novos aliados nesse intercâmbio com os homens de almas enlameadas e depravadas.

Na junção desse estranho comportamento de aparente malícia e bastante contraditório, moderadamente e de forma despercebida, tinha início uma complexa, paradoxal e difícil caminhada em busca do equilíbrio e da ordem espiritual.

Muitos anos se passariam, marcados por essa amistosidade com os homens, em que de ambas as partes as intenções seriam sempre duvidosas, matreiras e perigosas.

Foi em terras brasileiras que Sete Portas, habituado desde o tempo da vida carnal à convivência com os climas mais rígidos nas tempestades invernais nórdicas, resolveu se adequar, pois, como espírito desincorporado, não estaria sujeito aos cáusticos (para a sua natureza) raios solares, que faziam emergir neste país a beleza de sua paisagem e o sustentável prazer de seu tropicalismo. Além disso, tratava-se de uma nação onde, pela radicação dos negros africanos em função do subjugo ao cativeiro que lhes permitiu mesclar aos costumes locais sua cultura geral e pela miscigenação de raças, por meio das quais se formou e estratificou gerando um povo de caracteres diversos, poderia contatar, mais frequentemente, com seus habitantes, cuja crença mística se fazia despertar por legados e tradições. Ademais, a aceitação dos rituais de raízes afro-indígenas despertava e se fazia crescente, espalhando-se por todos os cantos territoriais, embora se apresentassem marcados por contumazes conflitos estabelecidos com os outros segmentos.

Esse movimento permitiu que viesse à luz o conhecimento de uma milenar ciência até então adormecida aos olhos do "Novo Continente" e, quiçá, da maior parte do mundo, no qual se abriu um cabedal de informações sobre a verdadeira destinação das almas humanas, quando da ocorrência de seu desenlace físico e dos mais lógicos conceitos ligados ao "Núcleo Divinal". Tratava-se das sendas elucidativas do Espiritismo, em todos os seus sentidos fenomênicos, inclusive, do despertar mediúnico, que fez cair por terra muitos dos diagnósticos obtidos pelos critérios de investigações médicas.

Sete Portas acompanhou de perto os estudos e pesquisas estabelecidos pelos doutos da Neofilosofia religiosa e inteirou-se dos meios pelos quais poderia tramitar, sem que fosse surpreendido pelas equipes de ascendentes doutrinadores que se formaram daí em diante, sob cuja análise seria considerado um ignóbil habitante das trevas, sem conhecimento da própria identidade e incapaz de perceber a venda que, como a trave citada nos textos bíblicos, lhe obstruía os olhos da alma.

## Capítulo 26

## O Castigo

— Fiquei sabendo que no Terreiro da Mãe Elza existe um médium que incorpora um Exu que tem o poder de abrir qualquer fechadura ou segredo de cofre além de revelar a sua combinação – alertou Miguel, um perigoso fora da lei, alcunhado de "Fumaça", por causa da facilidade com que sumia das vistas da polícia sempre que se via cercado durante certas práticas delituosas.

Fazia despertar a curiosidade em seus cúmplices, com os quais discutia no imundo covil, onde, em reunião, procuravam chegar a um consenso quanto aos métodos que deveriam utilizar para se saírem bem em um assalto que, naquele momento, estavam planejando.

— Então vamos até lá! – sugeriu "Lê", o garoto Leonardo que se orgulhava de tomar partido da desajustada quadrilha.

— Mas hoje não haverá toque para nenhum orixá! Você nunca reparou na placa que está presa no cercado ao lado do portão? – perguntou "Bodum", o loirinho de cabelos ensebados, que recebeu este apelido por não gostar de tomar banho e que, por isso, deixava exalar de si um forte odor de bode molhado, que ia tomando todos os espaços pelos lugares em que passava. – O templo só funciona às sextas-feiras.

— Heim! – inquiriram os demais se entreolhando.

— Isso mesmo que vocês ouviram! Hoje não é dia de trabalhos espirituais e dona Elza não gosta de ser importunada com esses assuntos quando seu Terreiro está fechado – respondeu sem os olhar diretamente enquanto esfregava uma pequena flanela em seu revolver cromado, depois de lhe embaçar o cano com o calor do insuportável hálito causado pelos dentes estragados que se exibiam na parte frontal de sua boca.

— Tem certeza? – quis saber Miguel.

— Claro que sim. Há muitos anos conheço Dona Elza, mas nunca estive em seu Terreiro, pois morro de medo dessas coisas. Prefiro deixar os mortos pra lá – explicou "Bodum", esgueirando-se da conversa.

— Quando é que ela faz as giras dos "compadres" – tornou "Fumaça", dessa vez perguntando a "Tição", um negrinho miúdo e arisco, que, por

fazer parte de uma família católica não praticante, fingia não ouvir o que diziam e também nunca havia estado por lá.
– Ei! Estou falando com você! – insistiu o chefe do bando.
– O quê?
– Você não me ouviu? – inquiriu-o, já alterando o tom de voz.
– Não sei nada a respeito disso. Não frequento macumbas. Lá em casa todos são seguidores dos padres, inclusive, no nosso barraco, tem um quadro de Nossa Senhora Aparecida pendurado bem em frente à porta de entrada, diante do qual minha avó todos os dias para e faz suas orações.
– Tudo bem! Não está mais aqui quem falou – completou.
– A irmã do Gersinho deve saber – afirmou "Tição". – Ela faz parte da Casa.
– Quem lhe disse isso?
– Eu mesmo.
– Como você pode saber se diz não participar dessas coisas?
– É que sempre a observo fazendo mirongas pelo quintal, inclusive defumando sua moradia. Acho que tem pacto feito com o diabo, porque já a peguei banhando com cachaça uma imagem do capeta com chifres, rabo pontudo e tudo mais – concluiu. – Por várias vezes também a pude ver paramentada e entrando no Terreiro.
– Então vamos à sua casa – disse Miguel cheio de determinação.
– Vá sozinho – aconselharam "Tição" e "Bodum" apoiados em suas razões.
– Eu vou com você – ofereceu-se "Lê", querendo agradar o líder do grupo de marginais.
– Você ainda é muito criança para querer participar dessas coisas – desdenhou. – Irei sozinho.
O criador da ideia estava resoluto. Precisava do auxílio do dito Exu, visto que programara roubar um grande e famoso banco, do qual tencionava limpar o cofre e imaginava que somente com a orientação e a proteção de um espírito astuto e voltado para tais atividades conseguiria fazê-lo com segurança.
Plá, plá, plá!, bateu palmas diante da humilde habitação de Gersinho:
– Ô de casa! – chamou enquanto os vira-latas danavam a latir – Ô de casa! – Plá, plá, plá! Foi insistente.
Não tardou e Claudinha apareceu para conferir quem poderia ser o indesejável importunador que, àquela hora, se atrevia a lhe tirar do sossego, tentando oferecer-lhe bugigangas, ordinários objetos pagáveis em suaves prestações ou convertê-la por meio de táticas de convencimentos religiosos.
– Quem é? – indagou cismada, tentando reconhecê-lo pelo sombreado de seu contorno, já que a noite se fazia, e no lugar não havia iluminação pública.

– Sou eu!
– Eu, quem?
– Miguel, o "Fumaça". Preciso falar contigo – avisou recomendando que se mantivesse calma, pois vinha em paz.
– O que você quer? Se você veio à procura de meu irmão, perdeu a viagem porque ele foi para o colégio e só chegará por volta das 11h30 – mentiu, procurando jeito de despachá-lo rapidamente, uma vez que, por causa da má fama que corria no bairro a seu respeito, a jovem não o via com simpatia.
– O "Tição" falou que você é filha de santo de Mãe Elza e só quero uma ligeira informação.
– Pois fale, homem! – ordenou.
– Quando haverá gira de Exus lá no seu Centro?
– Meu não, de Mãe Elza! – corrigiu – Deixe-me ver... Hoje, é quarta-feira, dia 28, então será depois de amanhã!
– A que horas?
– A gira de Caboclos e Pretos-Velhos começa às 8 horas da noite e a dos Exus, à meia-noite em ponto.
– Meia-noite?! – repetiu intrigado.
– Sim, à meia-noite, pois é o horário mais apropriado para o ajuste das vibrações pesadas dos Exus com o nosso mundo – explicou. – São mistérios de que não se pode revelar o porquê.
– Está bem, muito obrigado! – agradeceu e saiu.

No dia esperado, antes do horário combinado, lá estava ele, sentado em um dos rústicos bancos acomodados no local destinado aos assistentes.Como era "noite de virada", preferiu chegar cedo para garantir a vez no atendimento.

O pequeno templo, adornado com bandeirinhas de papel alinhadas no teto, recebia um colorido todo especial.

À sua frente, Miguel divisava um congá, muito simples, com algumas velhas imagens desgastadas, representativas de alguns santos católicos ou de Pretos-Velhos e Caboclos. Na parte inferior, uma gruta construída com pedras brancas abrigava uma estatueta de Iemanjá. Em um canto, três atabaques vibravam marcando o ritmo dos cânticos desafinados e atropelados no compasso por alguns médiuns cheios de boa vontade, mas nenhum entendimento da arte musical.

O cheiro de incenso invadia todo o ambiente e se espalhava pelas imediações, servindo de pretexto para a crítica de alguns religiosos de outros segmentos que, a caminho de suas igrejas, faziam esconjurações:

– "O sangue de Jesus tem poder! Valei-nos, Senhor!" – clamavam maldizendo o ritual cujo fundamento desconheciam.

A respeitável Mãe Elza, negra gorda, um tanto vivida, cabelos já embranquecidos e encobertos por um turbante amarelo e brilhante, vestia uma saia branca e armada, sobreposta por uma blusa rendada da mesma cor, por cima da qual desciam diversos colares que traduziam as forças de seus Orixás.O sorriso muito alvo, produto de uma prótese barata, parecia iluminar, ainda mais, o campo vibratório da Tenda, que já se fazia rutilante pelas velas que, em fortes lampejos, engalanavam o altar.

Miguel já estava familiarizado com aquela liturgia, pois, quando ainda era apenas um desajuizado menino, dona Lourdes, sua mãe, antes de desencarnar, levara-o a vários templos semelhantes na expectativa de que seu repreensível comportamento pudesse ser modificado com a interferência das Entidades Espirituais.

Depois de muito tempo de espera, finalmente foi dado início à "virada de banda".

"Fumaça" viu, com surpresa, o almejado médium incorporando o tão esperado Exu, dito de atitudes neutras.

– Boa-noite! – cumprimentou Sete Portas com voz forte e quase metálica.

– Boa-noite! – responderam, em coro, todas as pessoas que, acotovelando-se, estavam presentes àquela gira especial, ao mesmo tempo em que faziam certa reverência com as palmas das mãos voltadas para baixo e os dedos entrelaçados formando um tipo de concha.

– Laroiê Exu! – saudaram-no proferindo essa que é a expressão utilizada para se cumprimentar os espíritos de ligação direta com os planos terrenos e das úmbrias.

Miguel foi conduzido até o "compadre" e, antes que dissesse alguma palavra, o Exu se adiantou:

– Sei o que vieste fazer aqui! Não precisas me dizer nada, só anotar.

Providenciaram papel, lápis, e Sete Portas continuou:

– Esquerda 20. Avançar à direita até o 75, voltar para a esquerda e parar no número 2, depois girar novamente para a direita até o número 34 e esperar que dê o clic. A ação deverá acontecer entre os quartos de hora, senão o comando não atenderá tuas ordens. Não vou falar mais nada sobre este assunto. Só quero receber minha paga. Tudo bem?

– Tudo ok! – confirmou o meliante usando um termo incomum nas conversas com tais entidades.

– Quero que me seja servido, em um *alguidar* (vasilha de barro) novo, um fígado de boi, bem fresquinho. Quero também uma garrafa de *marafa* (aguardente) comum, três *ponteiros* (punhais), sete charutos de boa qualidade e uma caixa de fósforos secos. Tu deverás arriar todo esse material sobre uma toalha vermelha com bordas pretas, no *pino da noite* (meia-noite), em uma encruzilhada dentro de qualquer cemitério.

– E quando deverei fazê-lo?

– Na próxima sexta-feira. Estarei te aguardando. Quero que tu acendas um dos charutos e dês sete baforadas sobre a oferenda; a seguir, deposita-o em cima da caixa de fósforos que deverá estar aberta. Depois, apanha a bebida e derrama ao redor da toalha. Não leves, nem acendas velas, porque as odeio. Ao sair não olhes para trás, pois poderás ter uma surpresa desagradável. Não faças nada antes de entregar-me o que mereço, certo?

– Certo, Exu, salve a tua banda!

"Fumaça" deixou o terreiro cheio de confiança. Dias depois, voltou para buscar apoio em semelhante empreendimento já que tudo correra exatamente conforme o combinado.

Um assalto aqui, um roubo ali, ilegalidades e mais ilegalidades, novas pagas, e nenhum contratempo.

Miguel estava realmente se sentindo seguro e sequioso em obter cada vez mais.

Ao perceber que as intenções do marginal já passavam dos limites, Sete Portas lançou-lhe um novo desafio:

– Para continuar te acobertando nesses crimes, quero que passes a banhar, com o teu próprio sangue, as ofertas que me dás. Tens coragem ou vais te acovardar?

A ganância de Miguel e de seu bando era tanta que ele não pestanejou e, de imediato, comprometeu-se com o Exu.

Estava estabelecido o sistema de trocas mútuas mais arriscado, em que as vantagens auferidas a cada uma das partes funcionavam como o limite de comprovação e tolerância das fidelidades. Entretanto, houve o dia em que, sentindo-se dessecado e combalido fisicamente, "Fumaça" descumpriu o trato e, em uma nova investida, "acidentalmente" esbarrou no sistema de alarmes de outra Casa Bancária que estava acometendo, o qual, como se fora um castigo, travou todas as saídas e, nas mesmas condições que o restante de sua corja, foi preso e recolhido semimorto do interior da Casa-Forte, localizada no subsolo do edifício, cujas paredes espessas e refratárias ao fogo tinham portas automáticas que somente poderiam ser reabertas muito tempo depois, conforme a programação do sistema.

---

Este relato, que nos foi revelado por Sete Portas, refere-se a um episódio ocorrido em tempos de sua vinculação com as falanges da neutralidade, quando não se importava com as consequências de seus atos e manifestava-se em determinados médiuns, cujas peculiaridades de formação se assemelhavam ao seu, até então, limitado grau de elevação, ou ainda, mediante ações obsessivas em que exercia o domínio sobre a vontade de suas vítimas, geralmente bem-intencionadas, porém carentes de uma retaguarda ascendente que lhes pudesse iluminar o entendimento e conduzi-las aos necessários caminhos da evolução espiritual.

## Capítulo 27

## O Gato

A vida do jovem Wanderley seguia uma rotina comum a qualquer rapaz de sua faixa etária.

Tinha um bom emprego em uma instituição financeira onde iniciara a carreira profissional como *office-boy*, sendo, posteriormente, aproveitado em atividades internas nos serviços burocráticos.

Vários anos se passaram até que Wando (como gostava de ser chamado) conheceu Jennifer, moça de estatura mediana, olhos vivazes, rosto bem esculpido, corpo exuberante e que possuía jeito extrovertido e esbanjava simpatia.

A bela moça, por força do destino, fora designada para trabalhar, exatamente, no mesmo setor em que Wando se achava alocado e, como já era de se esperar, o tempo não foi muito paciente e logo se viram namorando.

Wanderley, que ao ser admitido não passava de um mirrado menino, agora desenvolvido fisicamente e um tanto amadurecido, tornara-se um rapaz bem-apessoado; por isso, Jennifer não pensou duas vezes antes de aceitá-lo em namoro, e, em breve, ambos já estavam apaixonados.

Não tardou para que ele fosse promovido dentro do mesmo departamento, no qual passou a exercer o bem remunerado cargo de chefia. À vista disso, a empresa achou por bem transferi-la para outra seção de modo a evitar o protecionismo ou qualquer outra atitude que pudesse ser tomada em detrimento dos serviços movida por força da emoção ao invés da razão.

O galanteio sem compromisso de antes assumiu proporções tais que, quando menos se esperava, já estavam noivos, com os móveis comprados e dispostos a partir para a relação mais séria do casamento.

Dona Helena, mãe de Jennifer, comprazia-se muito com a presença do pretenso genro em sua casa e procurava agradá-lo, indo além dos limites da normalidade, chegando a demonstrar um zelo exagerado, o que, inclusive, provocava certa adversidade da parte dos futuros cunhados, que não conseguiam esconder o ciúme sentido à frente de tantos privilégios.

Por mais que Wanderley a evitasse, suas atitudes não se alteravam e, pelo contrário, acentuavam-se ainda mais, à medida que o tempo ia sendo consumindo.

A princípio, o jovem chegou a assimilar sua maneira de tratá-lo a uma manifestação de cunho maternal, entretanto, a falta de discrição com que se apresentava fê-lo perceber que suas intenções eram outras.

Na verdade, Helena, agindo como uma adolescente, havia se deixado levar pelo despudor e pelo descontrole, fazendo-o ver que o estava desejando.

Na impossibilidade de realizar seus sonhos, Helena apossou-se de uma fotografia de Wanderley, tirada, furtivamente, dos guardados da filha e também se apropriou de algumas peças de roupas do rapaz que, vez por outra, pernoitava no sofá da sala de sua casa; levou-as para o Terreiro, dito de "Umbanda", que frequentava, e, ali, em uma gira fechada de QuiUmbanda, fizeram-lhe um trabalho de amarração, tão forte que, logo a seguir, Wanderley foi demitido do emprego. Sua noiva o abandonou antes que pudessem marcar a data do matrimônio. Perdeu o carro, que teve o motor fundido e ele não pôde mandar consertar. Foi despejado com seus pais e irmãs por faltar aos pagamentos dos aluguéis. Perdeu o crédito, todos os seus "amigos" e, em estado depressivo, entregou-se ao vício do alcoolismo.

Passou a viver em degradante posição social e a ex-noiva, embora tivesse sido procurada na tentativa de uma reconciliação, mostrou-se irredutível, recomendando-o que, definitivamente, a esquecesse.

Apesar de não compreender as origens de toda aquela reviravolta em sua vida, Wando ainda tentou, inutilmente, procurar nova colocação em outros organismos ligados às transações de títulos, empréstimos e créditos, condizentes com a sua área de especialização, porém as insistentes tentativas sempre redundaram infrutíferas e decepcionantes.

Certo dia, fomos visitá-lo na residência de dois cômodos, cuja locação corria por conta de um de seus primos afins. Lá chegando, solicitaram-nos que realizássemos uma rápida concentração mediúnica de modo a buscar respostas para aquela dramática situação. Foi aí que se manifestou o Exu das Sete Portas, entidade espiritual que, apesar de ainda vibrar em estágios inferiores, diante do que ainda estava por vir em sua trajetória, pôs às claras o que havia acontecido.

O Exu recomendou-nos que, entre outras coisas, conseguíssemos um gato preto, sobre o qual pretendia despejar toda a carga negativa incrustada na aura, no corpo material e no espírito de Wanderley.

No dia combinado, o jovem dirigiu-se à minha casa para que fizéssemos conforme a orientação.

O gato, não muito grande, fora levado dentro de uma embalagem de papelão onde havia pequenos furos que o permitissem respirar.

Enquanto preparávamos o ambiente para a chegada do Exu, a caixa com o animal foi colocada em um pequeno banheiro existente no quintal, de forma a evitar que o bichano fugisse.

Assim que resolvemos dar início ao ritual, fomos apanhá-lo para que estivesse à mão no momento em que o Exu se manifestasse, e, qual não foi a nossa surpresa, ao constatarmos que, apesar do recipiente estar lacrado, o felino havia desaparecido.

Mediante o imprevisto, todas as pessoas que participariam daquela reunião se dispuseram a procurá-lo.

Verificamos minuciosamente em todos os lugares possíveis, inclusive na rua, nos quintais da vizinhança, por sobre os telhados e nada!

Diante da inusitada ocorrência e sem o elemento principal a ser utilizado, não nos sobrou outra alternativa, senão cancelarmos o trabalho que havíamos combinado, o que fez se manter inalterada a situação de Wanderley.

No dia seguinte, tão logo amanheceu, surpreendemo-nos com o que avistamos por detrás das altas muralhas que separavam nossa casa de um hospital que funcionava avizinhado à direita.

No terreno dos fundos, havia uma grande pedra natural do local, sobre a qual se achava estirado o corpo do gato, cuja cabeça, decapitada, não sabíamos como e nem por quem, já que no lugar não havia trânsito de pessoas e aquela área era coberta por um matagal, jazia no chão tendo os olhos estatelados e a língua esturricada como se o animal tivesse se chamuscado ao tentar engolir forte labareda.

Somente depois, em um novo encontro do gênero, Sete Portas nos informou que vários quiumbas, responsáveis pela infindável obsessão espiritual que acompanhava Wando, haviam dado cabo do gatinho para que não pudéssemos ajudá-lo.

Ainda presentemente, decorridos mais de 30 anos de tal acontecimento, o rapaz, hoje um senhor, continua sob a ação dessas crônicas influências, visto que seu livre-arbítrio, pela ação da imparcialidade, perdeu o poder e, por não haver procurado mobilizar-se na continuidade do trabalho de libertação, que, nos dias de hoje, certamente se valeria de meios mais sutis e eficazes, dada a evolução alcançada pelo Exu que ainda o faria com a retaguarda oferecida pelos mentores que o assistem na Casa, tornou-se habituado a tais influenciações e lamentavelmente vive fugido à ajuda das Luzes da Espiritualidade por entender que já não existe salvação para o seu caso.

## Capítulo 28

## A Caminho da Luz

Operando no limitado terreno da ausência de conhecimentos das verdades divinas, Sete Portas continuava intrometendo-se nos rituais religiosos de Umbanda e de Quimbanda e sendo usado nos serviços de menor refino espiritual, mais condizentes com suas condições vibratórias, comuns a um Exu Pagão.

Não se assentava como Guardião, visto que ignorava os reais valores do bem, embora também o praticasse sem lhe compreender a essência, fazendo-o, qual um subalterno militar que apenas cumpre, sem discutir, todas as ordens recebidas.

Como consequência dessa conduta, acostumou-se às trocas de interesses, importando-lhe, somente, as ofertas que lhe prometiam; por isso, jamais houvera demonstrado a mínima preocupação com tais conceitos.

Sete Portas, influenciado pelos hábitos dos demais legionários atuantes das faixas inferiores do imenso exército de CALUNGUINHA, tornara-se um obstinado bebedor de "marafa", abominando a ingestão do vinho, tanto por sua representatividade no seio do Cristianismo, quanto pela amarga lembrança que lhe trazia como causador de seu desencarne. Também passara a ser devorador de fígado cru, víscera glandular, na qual descobrira a alta capacidade de produção de elementos de equilíbrios vitais por associação e regeneração de formas e a propriedade de modificar situações causadas por enfermidades e quaisquer outras anomalias orgânicas, anulando-lhes algumas ações pela geração de determinadas secreções. Tal órgão passou a ser utilizado tanto para a manutenção de suas equivalências energéticas quanto para a criação de atos mágicos, pelos quais causava interferências na natureza de ligações atômicas estáveis, presentes nos indivíduos, criando choques que tanto podiam dar origem às respostas benéficas quanto maléficas, dependendo dos reagentes ativados, conforme lhe houvera acontecido nos primórdios de sua passagem, como instrumento de experimentos, nos laboratórios dos antigos ARREGIMENTADOS.

Seu trabalho não obedecia a critérios éticos, tampouco o respeito e zelo necessários com as ferramentas das quais dispunha para executá-los.

Foi por meio de uma sequência de envolvimentos desse cunho que Sete Portas pôde se chegar até nós. A princípio, na condição de inimigo, pois representávamos uma força oposta aos seus objetivos contra os encarnados desprevenidos e, posteriormente, como nosso aliado, após razoável conclusão, deduzindo que nada conseguiria, além de um leve abalo de pouca intensidade em nossa aura, já que contávamos com a permanente presença de nosso Mentor Espiritual adiante de cada passo que dávamos. Assim, ao fundarmos o Templo Religioso destinado a tal Égide, vimo-nos, nos primeiros tempos, embaraçados com situações por ele criadas, causando-nos grandes constrangimentos e, de certa forma, o surgimento de algumas dúvidas a respeito de sua real presença e necessidade como responsável pela guarda e limpeza vibratória do Terreiro.

Mesmo sabendo de nossa aversão à aguardente, alcoolizava-se chegando aos excessos e o fazia de modo degradante e impressionista, exigindo que a dita "marafa" fosse despejada no chão, ao qual lambia como um cão, até que lhe sorvesse a última gota.

Por desconhecer a bondade reinante na proposta da humilde casa, não nos contestava ao ver-nos virar de costas para o congá, quando se fazia a abertura das "giras de esquerda", permitindo que nos comportássemos, embora movidos por antigos e impensados ensinamentos ritualísticos copiados, como se estivéssemos rejeitando as energias de amor que nos tinham sido endereçadas pelas Correntes de Luz que o antecediam.

Seu palavreado denotava um ser totalmente descabido naquele segmento cristão e o fazia em uma deprimente conotação de insinuações e ameaças, pelas quais imaginava poder nos subestimar ou nos intimidar para nos fazer crer e aceitar sua imponderável obediência. Entretanto, seus atos apenas serviam para fortalecer as metas previamente já traçadas pelos Entes Superiores que lhe haviam preparado uma nova destinação.

Gradativamente, o CABOCLO UBATUBA, como espírito integrante da falange do CABOCLO SETE FLECHAS, na vibratória do orixá OXALÁ (JESUS), munido de muita tolerância, amor e magnitude, fê-lo perceber e conhecer, à luz da verdade, que talvez não tivesse outra oportunidade como aquela para se livrar do flagelo do qual se fez acompanhar desde o advento consequente do saqueio ao mosteiro em Bayonne.

Primeiro o abrandou, fazendo-o experimentar uma estranha sensação de suavidade e serenou-lhe a revolta que, desde então, o vinha escravizando.

O compreensivo Mentor deu-lhe armas diferentes para lutar, munindo-o da satisfação da redenção diante das trevas e permitindo-lhe elevar-se, o mais próximo possível, ao nível de conhecimentos de seu líder e intermediário para a sua aceitação nos caminhos ascensionais em que lhe foi demonstrada toda a fragilidade de sua suposta soberania, fazendo-o reconhecer-lhe a vulnerabilidade ao deparar-se frente ao amor, pelo qual foi envolvido, cuja fonte geradora provinha do coração do Mestre dos Mestres,

JESUS. Assim, da mesma forma que faz o CRIADOR com o mais rebelde de seus filhos, também lhe foi dada a chance de encontrar-se, modificar-se e aprimorar-se, de modo a merecer integrar-se com suas autênticas origens como parcela eterna e regenerável da IMORREDOURA LUZ.

Doravante, em resoluta decisão, Sete Portas entregou-se a um novo arbítrio e, sabedor de que na espiritualidade o tempo não conta tempo, volveu-se ao aprendizado, principiando pela identificação dos *hierônimos*[12] que lhe permitiram conhecer o elo básico de ligação entre os homens e os Planos da *Plenitude Angelical*, como o primeiro passo em sua caminhada rumo a DEUS.

Depois de descobrir quanto é bom ser bom e de se conscientizar do tempo que houvera perdido na serventia do mal, Sete Portas, em ato ousado e desafiante para o grau em que se encontrava, seguiu a doutrina da verdade que lhe foi apresentada pelo CABOCLO UBATUBA, passando a interagir com as benesses da caridade por meio de incansável trabalho.

Pelas hostes superiores, foi agraciado com nova insígnia interligada às raízes do amor universal e da fé, cuja legitimidade se traduz em traços firmados sob a magia de pemba, com que insere seu ponto, realçando os símbolos ligados à *Trindade Divina* em representações triangulares, destacando a luz que enobrece e purifica, reproduzida pelas estrelas encimadas nos ponteiros do tridente e salientando a Filosofia recém-abraçada liderada por JESUS, a quem denomina O NAZARENO, da qual adotou a figura convencional da cruz em similitude com o calvário enfrentado por sua trajetória, em todos os tempos em que, como ser dotado de inteligência, lhe faltou o discernimento para distinguir o joio do trigo, de forma a reconhecer a UNIDADE, a GLÓRIA, o IMENSURÁVEL PODER, a MISERICÓRDIA e o INCOMPARÁVEL DOM DO PERDÃO, dimanantes dos *Eflúvios Divinos* que sempre estiveram presentes diante de seu espírito envolto por densa turvação a contribuir para o obscurecimento da lucidez e a perturbação de seu, então, limitado raciocínio.

---

12. Designação comum aos nomes sagrados e aos nomes próprios referentes a crenças de quaisquer religiões, como Deus, Jeová, Alá, Maomé, Oxalá, Jesus Cristo, Natividade, Ressurreição, etc.

## Capítulo 29

## A Gravidez

O templo religioso da Associação de Pesquisas Espirituais Ubatuba, sob comando de seu mentor CABOCLO UBATUBA, achava-se repleto de pessoas que, naquela noite, aguardavam ansiosas o momento de serem chamadas para conversar com o Guardião do Terreiro, EXU DAS SETE PORTAS.

Sua pitoresca forma de trabalhar, sempre revestida de um clima de alegria, constituía motivo bastante para atrair tanta gente às sessões de "esquerda" que ocorriam sempre na última sexta-feira de cada mês. Eram marcadas por vibrantes energias, que fazia brotar do interior de cada um dos presentes por meio de seu jeito brincalhão e das contagiantes risadas provocadas por situações hilárias, criadas propositadamente a fim de causar certa descontração geral.

Sete Portas as justificava, alegando que a técnica por ele adotada funcionava como uma espécie de desopilante destruidor de miasmas e de negatividades. Com isso, tinha facilitado o serviço proposto junto aos seus consulentes, uma vez que conseguia os deixar mais à vontade para o acolhimento de suas queixas ou solicitações.

Casos e mais casos vinham sendo apresentados e, sem que o Exu se ativesse às formalidades por ele detestadas, buscava resolvê-los a contento, com surpreendente rapidez e apreciável eficácia.

Entre as pessoas que ali se achavam objetivando soluções para os variados problemas, encontrava-se uma médium da casa, que por causa da adiantada gestação, por medida de precaução, não vinha participando das engiras e, por isso, permanecia no setor destinado aos assistentes, visto estar enumerada entre aqueles que com ele deveriam se aconselhar.

Depois de longa espera, autorizaram-na a se chegar à entidade:

– Boa-noite, Exu! – saudou-o com o devido respeito que lhe havia sido ensinado.

– Boa-noite! – respondeu Sete Portas com sua voz grave e de sonoridade forte.

— *Laroiê*[13], "compadre!" — reverenciou-o como se faz habitualmente no ritual umbandista.

— O que queres de mim? — perguntou Sete Portas medindo-a de cima a baixo.

— Quero pedir a tua proteção, tanto para mim quanto para o meu bebê que está para nascer.

— Bebê! Mas que bebê? — perguntou de forma irônica.

— O que está se desenvolvendo em meu ventre, oras! — respondeu Iamara demonstrando não haver gostado de suas insinuações.

— Mas não há criança alguma em teu útero ou em qualquer outra parte de teu corpo — atestou.

— Como não? — contestou a mulher. — Desde que minhas regras pararam, venho tendo acompanhamento médico e os exames básicos, por ele solicitados, confirmaram meu estado e concluíram que me encontro no quarto mês de gestação.

— Sei quanto se torna difícil acreditares em minhas palavras, porém torno a repetir que não te encontras grávida, ao contrário, vejo que estás com um sério problema em teu sistema ginecológico, por isso quero alertar-te que precisarás *entrar na espada* (expressão que significa se submeter a uma cirurgia), com urgência.

Ao terminar de fazer-lhe tais revelações, as pessoas que se encontravam no Terreiro, dando testemunho aos acontecimentos, entreolharam-se espantadas e com ares duvidosos.

De fato, as evidências não poderiam exigir outra reação, visto que seu ventre se apresentava um tanto quanto desenvolvido e com características de uma incontestável prenhez bem-desenvolvida.

Os mais incrédulos concluíram que, talvez, não fosse o verdadeiro Sete Portas o espírito ali manifestado ou que, provavelmente, seu aparelho mediúnico (no caso, eu) pudesse estar sob a ação de um forte animismo em aberrante mistificação, considerando-se que um autêntico Exu, daqueles que gostam de causar impressão mediante o que fazem, jamais iria se expor com tão comprometedora declaração, correndo o risco de ser desmascarado caso Iamara viesse a sofrer um aborto ou parir o fruto daquela "transparente" gestação.

Para que não ficasse nenhuma dúvida quanto ao seu diagnóstico, o Exu pediu que se fizesse adentrar ao recinto da engira o também jovem companheiro de Mara, como carinhosamente a chamavam, com quem vivia maritalmente e já possuía um filho em comum:

— Salve a tua banda, "compadre!" — aproximou-se, saudando-o na forma costumeira aos que se dirigem àquelas entidades.

---

13. Cumprimento que se faz aos Exus, cujo significado se traduz por: "Salve suas forças" ou "Salve sua banda".

– Tu acreditas que tua mulher esteja realmente gestante? – perguntou-lhe Sete Portas, já sabendo qual seria sua resposta.

– Claro que sim, Exu, inclusive o médico do Posto de Saúde daqui do nosso bairro, onde ela é assistida, disse que o feto vem tendo boa evolução – explicou objetando. – O compadre que me dê *maleime* (perdão), mas presenciei todos os sintomas iniciais desse processo e notei terem sido idênticos aos da outra gravidez que nos trouxe o nosso menino, portanto é quase inconcebível negar-lhe a veracidade.

– Se essa for tua forma de ver a situação, torno a ressaltar que ambos não deverão estar iludidos com o que não existe. Sabe que estás na iminência a ser "pai do vento" – disse expressando-se de maneira folgaz e ao mesmo tempo conselheira. – Não vou perder meu tempo tentando os convencer. Leva-a para ser examinada por um médico de maior competência e verás que ele confirmará minhas predições. Estejam certos de que se surpreenderão com suas palavras.

Dias depois, Mara foi enviada a um ambulatório do antigo INPS, localizado na rua Conselheiro Crispiniano, no centro da cidade de São Paulo.

Ao passar pela consulta, o profissional que a atendia, desconfiando de que algo de errado deveria estar acontecendo com aquela gestação, emitiu o requerimento de uma bateria de exames laboratoriais, cujas guias de encaminhamento lhe foram entregues com a ressalva "de caráter urgente".

Disse-lhe o ginecologista:

– Dona Iamara, quero esclarecer algumas dúvidas que surgiram ao examiná-la e, para tanto, preciso que a senhora providencie, rapidamente, todas estas avaliações que estou solicitando.

– Por que, doutor? O nenê não está bem? – interrogou-o, desconsolada.

– Não, minha senhora, não posso assegurar nada a respeito enquanto não estiver de posse do resultado destes exames. Faça-os e retorne para nova consulta assim que os obtiver – orientou-a.

– Está bem! – respondeu-lhe, sem esconder o ar de preocupação.

De volta para o seu lar, Iamara resolveu passar por nossa casa para contar sobre o sucedido e mostrar-nos todos os papéis gerados pela suspeita médica.

Feitas as devidas observações laboratoriais, ao apresentar-se para o conhecimento da conclusiva investigação clínica e técnica das condições gerais de sua gravidez, o médico foi enfático:

– Dona Iamara, é com pesar que me vejo obrigado a usar de objetividade no que vou dizer, mas a verdade é que não se constatou a presença do feto no resultado de seus exames. As avaliações indicam a existência de uma séria obstrução em suas trompas; assim, vou encaminhá-la a um cirurgião para que a opere com a maior brevidade possível.

Dessa forma, confirmava-se a *etiologia* (estudo sobre as origens das coisas), já descrita por Sete Portas. Entretanto, o especialista que realizou a intervenção a comunicou, sem rodeios, que, após tal procedimento, em razão das sequelas dela resultadas, ela não mais teria chance de tornar a engravidar, o que a entristeceu demasiadamente.

Inconformada com o diagnóstico final, Iamara retornou ao Terreiro, tanto para confirmar o que o Exu havia dito quanto para levar ao seu conhecimento o prognóstico do perito referente à sua impossibilidade de tornar a ser mãe.

Sete Portas nem a esperou concluir a narrativa e foi logo lhe dizendo:

– Não te desesperes, pois voltarás a engravidar e terás uma bela criança, mas saiba que será a última oportunidade para que isso aconteça, porque, depois que se completar esse parto, aí sim te tornarás estéril em caráter permanente.

Houve nova murmuração, visto que todos que ali se achavam estavam a par de que, com toda a delicadeza do trabalho do médico, não lhe fora possível deixar de extirpar-lhe parte do órgão adoentado, portanto não havia como contrariar as minuciosas leis da anatomia.

Diante da agitação causada por suas instruções, tornou o Exu a falar:

– Se não me acreditam, esperem e verão que estou com a razão.

Cinco meses depois, ei-la apresentando-se diante de Sete Portas, envolvida com todos os caracteres de uma nova gravidez, que por ele foi confirmada e, posteriormente, constatada pela ciência médica, a qual teve pouco trabalho para amparar, durante o nascimento, a linda menina Tatiane. Esta, com o passar do tempo, já um tanto crescida, também veio a integrar o grupo de médiuns que atuavam naquela seara e Iamara, depois desse episódio, jamais precisou fazer uso de anticoncepcionais, uma vez que, tomada pela infecundidade anunciada, não mais conseguiu conceber.

## Capítulo 30

## As Chagas

Faltava cerca de uma hora para que se desse início aos trabalhos espirituais da sessão que se faria realizar no Templo do CABOCLO UBATUBA, quando José Luís bateu palmas diante do portão, que, em virtude do adiantado de sua chegada, ainda se encontrava fechado para o acesso do público.

Alguém pertencente à Instituição se prontificou a atendê-lo:

– Pois não! – cumprimentou-o gentilmente.

– Eu gostaria de falar com a pessoa responsável por este Terreiro – explicou-se após corresponder à cortesia da saudação.

– Vamos entrar! – convidaram-no. – É o Pai Silvio quem o dirige, mas você pode falar comigo mesmo que eu lhe transmitirei o seu recado.

– Agradeço, mas o que tenho a relatar é muito particular e, por isso, acho melhor aguardá-lo por aqui mesmo.

Vieram avisar-me sobre o seu estranho comportamento, assim tomei a decisão de ouvi-lo lá fora mesmo, na calçada, conforme demonstrara preferir:

– Boa-noite! Em que poderei lhe ser útil, meu jovem? – cheguei de forma descontraída na tentativa de eliminar-lhe a timidez.

– Boa-noite! – respondeu o rapaz, falando com a voz embargada e quase suprimida pelo acanhamento. – O senhor é o dirigente deste templo de Umbanda?

– Sim, de que se trata? – perguntei-lhe.

– Meu nome é José Luís. Vim do bairro da Penha para procurá-lo, pois me disseram que aqui eu teria alguma chance de ter solucionado o meu problema; desculpe-me, mas fico meio sem jeito em falar-lhe sobre o caso – completou com o rosto ruborizado, aquele indivíduo que se apresentava com uma camisa toda fechada, embora vivêssemos uma noite de intenso calor.

– Não há com que se preocupar, meu irmão, diga o que você quer e verei o que poderei fazer – recomendei.

– É que há quase 17 anos, venho sofrendo com uma doença que médico algum conseguiu ao menos amenizar. Veja o senhor mesmo!

Soltou os botões da camisa e arregaçou as mangas para que eu pudesse observar melhor o mal que o fazia padecer.

– Já estive nos consultórios dos mais caros especialistas, fiz "mil" exames laboratoriais, inclusive o teste de sorologia de HIV, mas nenhum deles jamais acusou qualquer alteração. Não sei mais o que fazer. Cheguei até a pensar em exterminar com minha vida e acho que o senhor será minha última esperança, por isso pago o que for necessário, contanto que eu possa alcançar a graça de me ver curado.

– Aqui não cobramos pela caridade. Somos cristãos e, como tal, procuramos seguir os ensinamentos do Mestre Oxalá: "Dai de graça o que de graça recebestes", e não se iluda comigo imaginando que eu seja algum santo milagreiro. Sou tão passível de faltas quanto você também o é, ou melhor, não passo de uma simples ferramenta que, por si somente, é incapaz de realizar qualquer obra; quem o faz são os Guias Espirituais que por nós intervêm em conjuminância com a confiança que neles depositamos e somente a sua fé poderá refletir os resultados positivos, ou não, daquilo que você veio buscar. Aconselho-o a falar com o Mentor da Casa que, com certeza, poderá lhe dar uma orientação mais segura – concluí.

– Ando desiludido com tudo, inclusive já passei por vários templos de diversas religiões e o que obtive foi somente vãs promessas que jamais se cumpriram, além de haverem surrupiado minhas poucas economias – desabafou.– Espero que aqui seja diferente porque não consigo mais suportar esta situação que me faz viver envolto em uma descontrolada depressão que está me levando à loucura.

O pobre Zé Luís (como pediu que o chamássemos) trazia o corpo quase todo tomado por pústulas purulentas, de cujas feridas vertia um líquido grudento e malcheiroso, daí andar todo camuflado por roupas inadequadas para o clima vigente, mas apropriadas para esconder-lhe os vestígios da insuportável dor. À exceção do rosto e das mãos, todo o restante de suas carnes estava afetado pela doença.

Fi-lo entrar e acomodei-o na assistência.

Com a chegada do CABOCLO UBATUBA, depois de concluir a abertura dos trabalhos, Zé Luís pôde consultá-lo e recebeu orientações para que retornasse na semana seguinte e passasse pelo exame do Exu das Sete Portas, pois se tratava de um caso mais ligado à sua área de atuação.

Sete dias depois, o rapaz chegou com um novo semblante, visto que somente com as vibrações energéticas com as quais o Caboclo lhe houvera envolvido por meio dos passes que lhe ministrara já se podia notar o desaparecimento de boa parte das pequenas bolhas que o incomodavam, embora ainda houvessem muitas para serem eliminadas.

Mandaram-no entrar para falar com o Exu de Lei:

– Salve tua banda! – cumprimentou-o meio sem graça, seguindo o ritual que lhe havia sido orientado.

— Salve tu! – respondeu Sete Portas. – O que queres que eu faça para te ajudar?

— Preciso livrar-me, definitivamente, das feridas que se alastraram pelo meu corpo. Já fiz tudo o que me ensinaram; estive em igrejas católicas, evangélicas, terreiros de Umbanda, centros kardecistas, Casas de Candomblé; visitei curandeiros famosos e todos os médicos especialistas aos quais me encaminharam e, até agora, nada de ficar curado! – esclareceu. Não posso levar uma vida normal como a dos demais rapazes. Tenho vergonha de vestir uma camiseta, ficar de bermuda ou de *short*. Namorar então, nem pensar, isso é mesmo impossível! Que garota iria querer alguém que tem o corpo todo em chagas como eu?

Dito isso, o rapaz prostrou-se com o semblante descaído sentindo-se o pior de todos os injustiçados:

— É... tu tens razão, realmente fica difícil! Teu caso é mesmo complicado! – concordou o "compadre", olhando-o fixamente, enquanto coçava a cabeça. – Mas tu estás sendo vítima de teus próprios atos, não é verdade?

— Como assim? – estranhou. – Segundo me disseram em alguns lugares por onde passei em busca de ajuda, fui enfeitiçado por um macumbeiro que colocou minha foto na boca de um sapo, costurando-a depois em atendimento a um bruxedo encomendado por um homem com o qual tive uma séria briga no passado.

— Nada disso! – discordou Sete Portas. – Tu estás nesta condição porque não foste homem o bastante para cumprir tua promessa.

— Nunca prometi nada a ninguém! – retrucou achando que poderia o enganar.

Ao perceber que o jovem iniciava uma encenação, o Exu não se fez de rogado e principiou a falar:

— Tu foste noivo de uma moça a qual seduziu sob o juramento de a desposar, entretanto, quando percebeu que a coitada havia engravidado, em uma atitude covarde e irresponsável a abandonou e jamais procurou saber qualquer notícia, tanto a seu respeito quanto sobre a criança. É verdade ou não é? Se quiseres que eu fale mais sobre o teu passado podre, estou à disposição – ofereceu-se o Exu em tom de severidade. – Se disseres que eu estou mentindo quero que me proves o contrário.

Ao perceber que seu segredo havia sido revelado, tomado pelo espanto da incrível descoberta, José Luís resolveu, diante de todos, confessar a veracidade dos fatos e deixou cair a máscara nefanda que ocultava suas culpas.

— Que esse exemplo sirva de lição a todos vocês e espero que aprendam a examinar e vigiar suas próprias atitudes para que não incorram em situação semelhante, muito menos venham a cometer julgamentos precipitados – alertou Sete Portas, enquanto corria os olhos sobre todas as pessoas que se encontravam no Terreiro, ao mesmo tempo em que lhe veio à recordação as máculas de seu passado e as duras provações que teve de enfrentar para se desembaraçar de suas consequências. – Vou ajudar-te a te libertar desta moléstia, mas, antes, quero que saibas que foi a própria mãe da moça quem providenciou tal vingança, visto que, em sua medíocre visão, como não quiseste casar com sua filha, causando-lhe a infelicidade, desejou que também jamais viesses a fazê-lo com outro alguém.Quero que me prometas que não irás alimentar ódio contra essa infeliz, mas que saberás perdoá-la, tal qual o fez o NAZARENO com o ladrão crucificado ao seu lado depois de vê-lo reconhecer seus erros diante dos homens e diante de DEUS, e que fez por merecer alcançar a remissão dos pecados ao ouvi-lo assegurar: "Em verdade te digo que ainda hoje estarás comigo no paraíso".

Sete Portas ordenou que todas as mulheres e os menores de idade que se achavam no espaço reservado ao seu atendimento deixassem a gira. Pediu que as cortinas que a separam do setor da assistência pública fossem fechadas e determinou que o rapaz tirasse toda a sua roupa, permanecendo somente com a peça de baixo. Depois, abrindo uma garrafa de marafa que ali estava apenas para ser fluidificada e transformada em remédio contra vários males físicos ou espirituais, já que o Exu não bebia mais, como não o faz até hoje, passou a espalhá-la sobre as partes afetadas de Zé Luís. Ato contínuo, mandou que se recompusesse em seus trajes e o orientou:

– Para que haja bom resultado, quero que permaneças com o aroma e os fluidos dessa cachaça incrustados em tua pele, portanto não deverás te lavar ou fazer qualquer coisa que os descaracterizem. No próximo trabalho de "esquerda", preciso que me tragas um pedaço grande de fígado de boi, pois irei usá-lo para transferir tua doença a um corpo sem utilidade que tenha sido recém-sepultado, certo?

– Certo, Exu! Vou procurar fazer tudo direitinho conforme me instruíste – comprometeu-se o rapaz, temeroso de que novas denúncias viessem a ser, por ele, divulgadas.

– Transferirei este mal crônico, do mesmo modo que fez JESUS, assim que chegou à terra dos gadarenos, ao ordenar que passassem para os porcos que se precipitaram despenhadeiro abaixo os espíritos imundos que atormentavam dois de seus moradores, e posso consegui-lo porque aprendi a crer em suas palavras, principalmente naquelas em que enunciou: "Em verdade, em verdade vos digo que aquele que crê em mim fará também as obras que faço e outras maiores fará, porque Eu vou para junto do Pai".

Trinta longos dias transcorreram até que Zé Luís pudesse retornar.

Se com a projeção fluídica recebida do CABOCLO UBATUBA o rapaz já obtivera uma ligeira melhora, após o tratamento iniciado pelo Exu, tornaram-se mais evidentes os efeitos daquele desconhecido preparo curativo inserido na aguardente com o qual lhe banhara as ulcerações:

– Salve tuas forças! – Disse o moço que já conseguia sorrir.

– Salve tu! – respondeu o "compadre". – Trouxeste o que te pedi?

– Trouxe, sim. Está tudo aqui nesta sacola – explicou.

– Quero que o *burro* (denominação atribuída ao médium quando manifestado por um Exu) de João Caveira o incorpore para ajudar-me porque vou necessitar tanto desse Guardião quanto de usar o seu campo de atuação no mundo da matéria.

Antônio Cunha, médium que o servia de "aparelho", prontificou-se a colaborar.

Da mesma forma que antes, fizeram retirar-se da gira os menores de idade e todas as mulheres. Novamente desnudo, depois de fechadas as cortinas, ambos os Exus iniciaram um ritual nunca visto por nenhum dos homens que ali se encontravam, no qual esfregavam sobre o corpo de Zé Luís os pedaços do fígado sangrento que lhes houvera levado.

Terminada a tarefa, Sete Portas determinou:

– Assim como aconteceu com a marafa, deverás manter toda essa emulsão retirada do fígado aderida em tuas patologias, e somente ao amanhecer é que poderás tomar teu banho de higienização.

Notou-se nas pessoas um ar de repugnância ante o que presenciavam. Algumas delas tiveram de se segurar para não vomitar.

O homem teria de voltar para a sua casa, dependendo de transporte coletivo e ainda deveria dormir untado por aquela viscosidade, além de ter de suportar-lhe o desagradável cheiro.

Para alguns se tornou difícil compreender a ciência existente por trás de toda essa medida profilática e de restabelecimento e, para outros, já acostumados a observar as complexas "mirongas" de que se valiam outras Entidades Espirituais na Umbanda, aquele ato não chegou a causar surpresa.

Sete Portas, entretanto, conhecia-a profundamente, por isso dela se valera, baseando-se, inclusive, no rito utilizado pelo MESTRE DA SALVAÇÃO quando, caminhando pelos lugares de Betsaida, viu um homem cego de nascença e o curou com uma mistura de lodo com sua própria saliva aplicada sobre aqueles olhos sem vida, para, posteriormente, mandá-lo lavar-se no tanque de Siloé (que significa O Enviado) de onde saiu com a visão perfeita.

Findo o compromisso, antes de retornar ao seu plano vibratório na espiritualidade, o Guardião recomendou:

– Peça ao meu "burro" que, tão logo encerre os trabalhos desta noite, se dirija ao cemitério e enterre este pedaço de fígado na quadra onde estão sendo sepultados os defuntos mais recentes para que ele apodreça e se consuma, eliminando essa maldita doença, juntamente com aqueles restos mortais.

Assim foi cumprido e, na companhia de outros médiuns que se ofereceram para ajudar-me, no cemitério de Vila Formosa, o maior da América do Sul, após a meia-noite, coloquei aquelas vísceras por baixo dos amontoados fofos que formavam os canteiros dos sepulcros ainda cobertos por muitas flores e diversas coroas, nas quais se podiam ler vários dizeres expressando a saudade deixada por aquelas almas finadas.

Anos mais tarde, "inesperadamente", Diórgenes, um dos trabalhadores de nossa Seara de Caridade, encontrou-se com Zé Luís que nunca mais havia retornado ao Terreiro. Então, como deliberadamente, embora não pudesse ter uma participação mais ativa como médium por causa dos horários desencontrados de seu expediente no emprego, houvera sido o indicador para que ele chegasse até nós, achou-se no direito de perguntar-lhe:

– Como é, rapaz? O que foi que houve? Você desapareceu! Nunca mais deu o ar de sua graça ou qualquer notícia para que soubéssemos de seu paradeiro. Não gostou de lá?

– Claro que sim, amigo. Veja com seus próprios olhos que fiquei totalmente curado. Graças a Deus, acima de tudo, ao CABOCLO UBATUBA, ao Exu das Sete Portas, ao João Caveira e a todos vocês consegui me ver livre daquele sofrimento – explicou.

– E por que você não voltou, ao menos para se mostrar agradecido pela dádiva que lhe foi ofertada? – inquiriu-o.

Com as mãos sobre a cabeça, como se quisesse se repreender ou se ocultar, José Luís tentou argumentar:

– É que não me sinto digno de entrar naquela casa e de estar diante de tamanha luz do conhecimento. Seu Sete Portas, com certeza, compreenderá minhas razões! Sou muito imperfeito para merecer o tratamento que me dispensaram – argumentou, deixando transparecer que sua ausência se devia ao temor de que o Exu trouxesse à tona outras confusões em que andara metido. – Além disso, quero recuperar o tempo de vida que perdi e desfrutar dos divertimentos como a praia, o futebol, os bailes e as garotas que estão sobrando por aí.

– Já que é dessa forma que você enxerga as coisas, não há mais nada que eu possa fazer – lamentou. – Pediremos a Deus que lhe permita ser muito feliz.

Desapontado e entristecido com tanta ingratidão, Diórgenes seguiu seu caminho:

–Tchau, amigo! – despediu-se.

– Tchau! – respondeu José Luís, do qual nunca mais obtivemos qualquer informação.

## Capítulo 31

## O Ardil

Quando Francisco, um militar aposentado, e sua, naquela época, ainda encarnada companheira dona Nina resolveram mudar de residência, deixaram a chácara em que moravam, no município de Suzano, em São Paulo, a cargo do caseiro contratado, "seu" Antônio, um homem solitário, que lá passou a habitar em uma pequena acomodação na parte dos fundos, tendo por amiga, para conviver e conversar, a fiel cachorra Diana, da qual cuidava com especial carinho.

De tempo em tempo, os donos da aconchegante propriedade lá compareciam, tanto para efetuar os pagamentos que ela gerava, inclusive o salário daquele zelador, quanto para inspecionar e desfrutar os benefícios que o recanto lhes oferecia.

Para "seu" Antônio, os dias seguiam quase sem alterações e se fundiam a uma costumeira monotonia.

Cuidava das plantas que se alternavam entre as flores, as hortaliças e o bem distribuído pomar, produtor das mais variadas frutas, em surpreendente abundância, já que a terra em si não se classificava como das melhores para nenhum tipo de cultivo. Tudo havia sido conseguido com técnicas modernas de esquadrilhas e adubação do solo. Além disso, encarregava-se de algumas outras atribuições mais leves como tratar dos poucos pássaros existentes em um grande viveiro que mandaram erigir, do qual, tempos depois, permitiu que escapassem ao esquecer a portinhola aberta; limpar o pequeno tanque; alimentar os parcos peixes que o ornamentavam até que um dia notasse que haviam sumido; e tomar conta da enorme casa construída na parte da frente onde se hospedavam seus patrões ou convidados quando ali se estabeleciam em alguns encontros, principalmente festivos, fazendo com que a rotina fosse quebrada, pela agitação e pela euforia surgida nos animados churrascos e brincadeiras em que se confraternizavam. Entretanto, certo dia, um rapazola chamado Romeu, menino conhecido na região, foi à procura do velho desvelado e, sem deixar transparecer suas perniciosas intenções, bateu palmas na porteira e gritou:

– Ô de casa! Ô de casa!

Da porta da pequena casa que habitava, existente nos fundos, atrás da edificação principal, "seu" Antônio espiou e viu que quem o chamava com tanta insistência era alguém de seu conhecimento, por isso, em vez de subir para ir ao seu encontro, gritou lá de baixo:

– Pode entrar, Romeu! O cadeado está destrancado – avisou, ao mesmo tempo em que, batendo com a sola da botina no chão, ralhava com a vira-latas, que para lhe demonstrar solidariedade não parava de latir.

– Bom-dia! – desceu o rapaz cumprimentando.

– Bom-dia! – respondeu "seu" Antônio com jeito simplório, ajeitando o surrado chapéu sobre a cabeça. – O que está acontecendo pra que você tenha vindo me procurar nessa afobação toda?

– Vim só pra lhe trazer um recado – completou.

– Pois fale logo, menino! – prosseguiu.

– O "seu" João, do sítio Pedra Branca, pediu-me para avisá-lo de que tem algo para lhe dar e quer que o senhor vá até lá com urgência.

– Tudo bem, Romeu, mais tarde, quando eu for ao armazém do "Maneta" (conhecido vendeiro daquelas bandas, assim chamado por possuir um único braço, já que havia perdido o outro em um grave acidente), vou dar uma passadinha por lá.

– Não, "seu" Antônio, ele disse que era pro senhor ir agora mesmo porque ele está de saída pra São Paulo de onde só deverá voltar tarde da noite.

– Ah, então tá! Já, já irei saber de que se trata – tornou.

– Está bem! – disse o jovem que logo deu um jeito de desaparecer de suas vistas.

Meia hora depois, o velho já se encontrava pisando pela estrada esburacada e empoeirada a caminho da casa do amigo, conterrâneo nordestino, que também trabalhava na mesma função, porém assumindo tarefas bem mais pesadas que as suas.

"Que diacho de coisa será essa que João tem tanta pressa de me entregar?", interrogou-se em pensamento.

Depois de demorada pernada e de diversas paradas para puxar o fôlego ou para prosear com os conhecidos da vizinhança, finalmente chegou ao destino:

– Oi, "seu" Antônio, o senhor por aqui? O que foi que houve? Algum problema na chácara de "seu" Francisco? – bombardeou-o com seguidas perguntas o surpreso companheiro que, somente durante as segundas-feiras, dias em que folgavam no serviço, costumava vê-lo ou encontrá-lo nas bodegas daquela zona rural para tomarem várias talagadas enquanto jogavam conversa fora.

– Não estou entendo nada! O Romeu esteve lá em casa e disse que você queria falar comigo e que eu viesse logo porque você ia sair, foi por isso que vim até aqui! – explicou.

— Arre... Aquele moleque! Alguma arte deve estar aprontando! Eu não pedi nenhum favor àquele sem-vergonha. O "capetinha" o fez de bobo, mas, já que o senhor está aqui, vamos entrar, assim o amigo vai poder descansar um pouco. Quer beber uma água fresquinha? Fui apanhá-la, ainda agora, na bica da mina – salientou.

— Quero sim, obrigado!

— Esse tal de Romeu não é elemento de confiança. Já tive informações de que ele anda com más companhias, inclusive já foi visto roubando pequenos objetos em algumas propriedades locais – disse João demonstrando certa preocupação, inquirindo-o, logo a seguir: – não ficou ninguém tomando conta da chácara enquanto o senhor dava essa estirada até aqui?

— Não, colega! Só mesmo a cadela Diana que está solta pelo quintal – explicou.

— Cuidado, "seu" Antônio, muito cuidado! Não confie tanto na sorte porque o senhor bem sabe que estão sumindo coisas por aí e os patrões não querem nem saber; os primeiros suspeitos acabam sendo sempre nós, os caseiros, que, ao final, saímos difamados, isso quando não terminamos presos ou apanhando da polícia! – alertou.

— Tem razão, amigo João, tem razão – repetiu. – É melhor eu ir andando. Até logo!

— Até! – respondeu o companheiro de copo e de conversa.

Ao retornar, de longe "seu" Antônio percebeu uma aglomeração formada diante do grande portão que acessava à rampa de entrada para a chácara.

— Corre, "seu" Antônio, corre! – gritaram quase em coro aquelas pessoas.

Em um esforço sobrecomum, o homem apertou o passo ao máximo que lhe pôde permitir sua sexagenária idade, cujas pernas, em iminente necessidade, já não obedeciam fielmente ao comando do cérebro.

— O que está acontecendo aí? – perguntou, imaginando que se tratasse de algum problema com o animalzinho e que talvez ela tivesse sido picada por alguma cobra ou coisa parecida.

— Está acontecendo, não! Já aconteceu – afirmaram atropelando-se nas palavras como se estivessem disputando o privilégio de ser o primeiro a dar-lhe a malfadada notícia.

Antônio olhou e custou a acreditar no que via. Seu coração quase saiu pela boca com o choque causado pela cena. A porta principal da casa havia sido arrombada assim como diversas janelas nas quais se viam bem destacadas as marcas deixadas pelo esforço causado por um *pé de cabra* (alavanca de ferro).

Ao entrar no casarão, os indícios do furto ficavam mais evidentes. A balbúrdia causada pelo bando de vândalos denotava a ação de pessoas sem o mínimo escrúpulo, dominadas por um instinto perverso e desequilibradas. O caos se apresentava aos olhos de quem quisesse ver. Gavetas espalhadas por todos os cômodos, roupas reviradas, armários quebrados e, o pior, haviam defecado por cima dos mantimentos que estavam acondicionados em recipientes apropriados e o cheiro insuportável daquelas fezes tomava conta de todo o ambiente. Muitos objetos tinham sido levados pelos gatunos e "seu" Antônio logo se lembrou do alerta feito pelo amigo João, concluindo que, certamente, Romeu estaria metido nisso.

Temeroso da reação que teriam seus patrões diante da lamentável ocorrência, o velho caseiro, por telefone, procurou avisá-los, pedindo-lhes que para lá se dirigissem com a maior brevidade possível.

Desta feita, Francisco chamou-me para acompanhá-lo. Verificado o prejuízo, ficou de comparecer, no dia seguinte, à Delegacia de Polícia, para registrar a queixa de furto.

Olhando para o chão, na área em que ficava a porta de ferro pela qual se acessava à cozinha da casa, vi um fragmento de cadeado estourado pelos bandidos e que ali havia sido jogado. Apanhei-o e disse para Francisco:

– Vou levar esse objeto e entregá-lo aos cuidados do Exu das Sete Portas para que o ajude a ter restituído tudo o que lhe foi surrupiado e para que os responsáveis por essa usurpação e destruição sejam descobertos e presos.

Em casa, na *tronqueira* (espécie de casinhola que abriga os apetrechos e retém energias geradas pelos Exus que tanto podem ser de Lei quanto Pagãos) do "compadre", fiz o pedido conforme havia prometido:

"Fiel Guardião Sete Portas, peço-vos que pelas emanações deixadas pelos fora da lei neste pedaço de cadeado venhais a encontrá-los e fazê-los passar pelo crivo da justiça conforme a vontade de DEUS".

No dia seguinte, antes de dirigir-se à chácara, sem a mínima pretensão, mas impulsionado por uma "força interior", Francisco resolveu passar por um posto policial que havia em um bairro adjacente e, depois de notificar aquelas autoridades sobre os acontecimentos, foi por elas acompanhado no trajeto que levava à sua propriedade.

Em uma estrada barrenta, ladeada por diversas granjas, "coincidentemente" Romeu transitava em companhia de uma mulher.

Apontado aos policiais como um dos possíveis autores do fortuito contratempo, esses o detiveram e, antes que lhe perguntassem qualquer coisa, o delinquente já principiou a revelar o ardil arquitetado e delatou toda a quadrilha, levando-os ao covil em que se achava escondida. Lá chegando, o chefe do bando, conhecido por Jonas, foragido de um presídio famoso por abrigar elementos de alta periculosidade, deitado sobre uma cama, tranquilamente, ouvia música no rádio que acabara de roubar. Chamado o reforço da corporação, todos foram presos, recuperou-se o produto do furto e o caso acabou tendo repercussão, inclusive, nos jornais e outros informativos daquela cidade.

Soube-se depois que a mulher que caminhava ao lado de Romeu era parceira do chefe do bando.

# Capítulo 32

## As Aparições

Por um considerável período, após haver aprendido a ativar os centros de interligação com o mundo espiritual, existentes na aura e no corpo dos indivíduos, e de ter sido instruído a respeito da manipulação da *massa ectoplasmática* (substância visível, ou não, que emana do corpo de certos médiuns, com a qual os espíritos se moldam ou modelam alguns objetos ou coisas), Sete Portas passou a divertir-se com suas aparições repentinas, ora como simples vulto identificado somente pelas dimensões, que não deixavam dúvidas, ora em forma nítida, porém incompleta, não se permitindo mostrar a parte inferior, ou seja, da cintura para baixo; outras, ainda, materializando-se em beija-flores, conforme, em algumas ocasiões, antecipadamente avisava que ia fazer, cujas características variavam na coloração que ia do ocre-opaco até o verde-cintilante, mas com tamanhos sempre iguais, descomunais para uma ave tão pequena.

Todas as vezes que o Exu das Sete Portas se valia de tal manifestação, o método de ação era o mesmo: surgia do nada, fazia algumas evoluções para ser notado, voava em direção ao rosto das pessoas que o interessavam, pouco importando se estavam, ou não, concentradas para isso, e depois de planar à sua frente desafiando a Lei da Gravidade, ali mesmo, desaparecia aos olhares espantados de todos como se fora fumaça desintegrando no ar.

Poucos eram aqueles aos quais ainda não havia buscado uma oportunidade para se exibir.

Foi uma etapa de sua evolução em que buscou se firmar como espírito confiável, uma vez que as coisas vinham acontecendo em ritmo acelerado e, para ele próprio, tudo se fazia surpreendente: *volitar* (manter-se em equilíbrio no ar), promover fenômenos físicos como ruídos, deslocamentos de objetos e se autoconfigurar eram meios de fazê-lo sentir-se acreditado e de mostrar que tinha alguma utilidade; uma forma de despertar a atenção dos seres, como a dizer:

"Estou aqui! Sirvam-se de minha ajuda!".

Contando com as instruções recebidas por meio do CABOCLO UBATUBA, Sete Portas submeteu-se a vários testes de aperfeiçoamento, e esses o levaram a constituir, como chefe da 13ª Legião de CALUNGUINHA, uma falange de Exus afins, com os quais, desde então, passou a contar em seus trabalhos de caridade.

O Guardião sentiu uma necessidade imprescindível de participar, de forma ativa e direta, das questões humanas, não mais em uma desmedida concorrência por um poder ou pela posse de seus bens, porém em uma disputa consigo mesmo, por recursos e deliberações que pudessem ajudá-lo a subir, rapidamente, as escadas do crescimento pelo expurgo e pelos ajustes que ainda se achavam por fazer.

Sua ansiedade nesse sentido era tanta que, frequentemente, chegava a atrapalhá-lo quanto ao rumo a ser tomado na solução de certos problemas, daí o excesso de manifestações súbitas e descontroladas com abuso de retirada de elementos fluídicos e dos compostos plasmáticos, com os quais fazia as modelações, quase exaurindo suas fontes fornecedoras, com repetitivos ensaios ou experimentações. Mostrava-se sem avaliações do oportuno momento, deixando-se ver, inclusive, por crianças que, confundindo-o com os seres encarnados, corriam nos avisar de que certo homem, bastante alto, forte e arruivado, havia adentrado o nosso quintal e se achava, nesse ou naquele lugar, geralmente em espaços abertos, onde algo constituído por matéria sólida não teria como se ocultar.

Olhávamos e nada víamos de anormal, o que nos levava à certeza de que se tratava de algo sobrenatural colocado ao nosso alcance, e que sempre se confirmava ao o interrogarmos nas engiras em que se manifestava.

Podia-se dizer que sua atitude se comparava a de uma menina ou menino que, quando presenteados com um novo brinquedo, divertem-se com o mesmo até que se perca o entusiasmo inicial e surpreendente que os tenha levado a desejá-lo, esgotando-se toda a curiosidade antes existente.

Com o tempo, Sete Portas aprendeu a estabelecer graduações e ponderações, limitando-se, nesse sentido, a promover raríssimas exposições de si mesmo e agindo com maior moderação na tomada de tais responsabilidades. Assim como o sedento se reequilibra emocionalmente após saciar-se em uma nascente que esteja a lhe oferecer, em abundância, água límpida, fresca e chegada na melhor oportunidade, o Guardião Sete Portas também o fez, mediante a ciência adquirida, da necessidade do bom senso e do comedimento, por isso, foi orientado quanto às técnicas de ativação da *glândula hipófise*, em seus lóbulos anterior e posterior, nas pessoas que o interessavam, bem como da *pineal* com as quais lhes estimula a paranormalidade e os faz sentirem-se aptos a algumas habilidades não manifestadas claramente, de sentido oculto ou subentendido.

Pelo fato de que raramente costuma antecipar tais ocorrências, há indivíduos por ele vivenciados nessas experiências que se rotulam "anormais" ou "alucinados" por não saberem explicar algo que não se ajusta aos paradigmas oficiais.

É preciso que o próprio Exu os alerte de que se trata de caminhos outros que nos permitem ampliar nossos estados de consciência.

Aqueles que se privilegiam como seus escolhidos para o emprego dessas disposições naturais desenvolvem capacidades diferenciadas em níveis superiores e de acesso a um conhecimento que excede tudo o que é possível ser captado por meio das percepções comuns dos sentidos fundamentais. Podem, inclusive, penetrar em dimensões capazes de tornar o passado em presente, sem influenciações filosóficas ou religiosas das condições do bem ou do mal, proporcionando-lhes uma visão e um entendimento do nosso comportamento e uma posição ampliada diante desses fatos e obtendo uma compreensão maior do Universo como uma unidade viva.

Por meio dessas glândulas, Sete Portas tem podido preparar e transportar médiuns selecionados aos limites de seu campo vibratório no mundo espiritual, fazendo-os pensar tratar-se de sonhos, clarividências ou de ações geradas por impulsos do próprio inconsciente.

A verdade é que eles têm voltado dessas viagens astrais maravilhados, boquiabertos com o que veem e com as agradabilíssimas sensações que, por algum tempo, permanecem atuantes sobre suas mentes e sua sensibilidade, estimulando-lhes a produção de adrenalina impulsionada por essas extasiadas impressões. Dessa feita, Sete Portas não tem se ocupado com aparições moldadas por junções de elementos plásticos ou pela invasão aos centros de ligação ao mundo incorpóreo, os chamados "chacras", mas tem obtido um contato direto, do tipo ombro a ombro, por meio da educação e do adestramento de técnicas facilitadoras desse trabalho, tais como: o relaxamento por meio de músicas suaves, as projeções mentais de elementos naturais, a exemplo das ondas do mar, das formações mutáveis das nuvens em suspensão na atmosfera, dos regatos percorrendo caminhos por eles mesmos traçados, da beleza das cachoeiras, da mansidão dos lagos, dos verdejantes prados, pelo som do trinar dos pássaros ou mesmo com o apelo de algum mantra capaz de fazer vibrar e equacionar as energias de seu recorrente àquelas em que se acha envolto no mundo da imperecível vida que se faz gerar do seio de DEUS.

## Capítulo 33

## O Reino

Como guardião do templo do CABOCLO UBATUBA, cujas tarefas estão mais ligadas ao campo da evolução espiritual dos seres e dizem respeito à harmonização universal, Sete Portas, nesse envolvimento com a caridade, com a difusão do amor e com a reversão das más intenções humanas impulsionadas pelos exemplos deixados na linha descrita em seu percurso existencial, foi galgando subsequentes degraus na escala ascensional fazendo por merecer a realização de um antigo sonho. Assim, certo dia, foi-lhe outorgado pelas mãos do grande MESTRE CALUNGUINHA, no cumprimento de determinações incontestáveis dos Orixás Maiores, um reino, de localização não muito distante deste orbe terrestre, em plano adequado ao abrigo de espíritos em fase de transição da obscuridade racional para o estado de conscientização das verdades divinas e do autoconhecimento enquanto inteligência passível de erros e de acertos.

O mérito se fez como consequência das experiências acumuladas durante o milênio vivido em desencarne, sob a ação de uma mente conturbada e tolhida por tormentos e coações criadas em parte por ela mesma e complementadas por induções externas que o atolavam em atitudes e mistérios desregrados de imundícies, tornando-o tão vulnerável às suas imposições que já não lhe permitiam discernir que caminho deveria seguir até que a luz redentora do interveniente Mentor o fizesse despertar para a emanação, a queda, a redenção e a mediação exercida por diversas potências celestes, entre a divindade e os homens, permitindo-lhe adquirir a ciência dos princípios opostos entre o bem e o mal e decidir pela doutrina do amor cuja indiscutível força suplanta todas as carências; e por meio das energias que gera, em microssegundos, é capaz de aniquilar qualquer escuridão, por duradoura que tenha sido, trazendo o refrigério divinal a todas as almas que se encontrem em sofrimento.

No portal principal de entrada, em posição de destaque, vê-se o dístico representativo de seu ponto riscado mostrando que ali se encontra um centro de reabilitação espiritual por ele tutelado. É o caminho que permite aos indivíduos transformarem o amargor de suas semeaduras no mais eficaz dos remédios para o saneamento de suas próprias derrocadas.

A base de toda a disciplina ali empregada tem origem na doutrina cristã, e o trabalho é incessante na tentativa de se levar conforto a tantas almas necessitadas de coadunáveis reajustes, pelos quais, não raro, se reincorporam ao CRIADOR.

Sete Portas labora com entusiasmo e contagiante alegria, transmitindo aos seus comandados, por meio de extraordinário magnetismo, as técnicas de aprimoramento aprendidas com os seus parceiros de Lei, ensinando-os a aplicá-las na dosagem certa por intermédio da emotividade controlada, sem falsas promessas, sem ameaças, sem imposições e em aliança com a verdade.

Em seu reino, tudo deve ocorrer primeiramente pelo sentido da conscientização e depois em função de um arbítrio voltado para a realidade universal.

O local se diferencia de outros estratos de regeneração por possuir um céu de tonalidades róseas, denotando o império do amor a cobri-lo e a irradiá-lo, promovendo mudanças ricas em caracteres transformadores, tanto dos sistemas metabólicos perispirituais quanto dos processos mais interiores, diretamente ligados à essência que compõe todas as mentes viventes e inteligentes: DEUS.

O aspecto peculiar de *Riget* (reino), *Kárdio Amore* (coração amoroso – denominação daquela faixa vibratória em que se localiza seu régio domínio), realça em sua vastidão um oceano com águas da mesma nuança, cujas ondas se espalham por sobre a orla, sem, entretanto, lhe tingir as areias. No crepúsculo, o céu se funde em cores púrpuras que não o permitem ser abatido por nenhuma espécie de treva. Dali, após estágios normalmente demorados, os seres, já aprimorados, são encaminhados aos campos de ajuda dos vários planetas onde o imaginário humano ainda não foi capaz de conceber, pelo natural egoísmo, a capacidade de abrigar outras civilizações.

O espadão de Sete Portas, anteriormente usado nas sangrentas batalhas contra seus próprios irmãos, hoje se faz representar como instrumento de factual luta pelo poder e pela busca de sua interminável evolução.

Um dia, levado pelo CABOCLO UBATUBA aos entremeios mais próximos às luminescências de JESUS, o CRISTO, as refulgentes centelhas que o envolveram, mesmo à longa distância daquele Emissor, foram o bastante para que ele pudesse perceber que tais luzes o haviam feito translúcido por força e ação de tamanho Poder.

A deliciosa sensação de leveza e bem-estar que lhe causou jamais havia sido experimentada, nem enquanto esteve abrigado no útero de Donien, no período em que sua mente havia sido esvaziada para as maldades do mundo, de forma a oferecer-lhe um recomeço por meio de uma nova encarnação.

Tais luzes ascenderam-lhe à mente, fazendo-o compreender, com mais clareza, que, assim como já havia acontecido com Saulo, no episódio em que ia ao caminho de Damasco, munido de cartas emitidas pelo sumo sacerdote autorizando-o a prender e torturar os cristãos, fossem homens ou mulheres, de súbito, viu-se envolvido por tamanho fulgor descido do céu, que o fez cair por terra ao ouvir a voz do CRISTO, o HUMILDE CARPINTEIRO, a interrogá-lo: "Saulo, Saulo, por que me persegues?", ao qual então, atordoado, perguntou: "Quem és Tu, Senhor?". Obteve como resposta: "Eu sou JESUS a quem tu persegues" e, daquele momento em diante, com o testemunho de seus companheiros de viagem que pararam emudecidos ouvindo aquela voz sem, entretanto, conseguirem identificar de quem procedia, levantou-se e não mais enxergou o mundo, até que, convertido à Fé que antes combatia, viesse a alcançar a remissão e ser curado por Ananias, discípulo do SENHOR, conforme ele próprio lhe houvera ordenado, por meio de nítida aparição, Saulo de Tarso, posteriormente chamado de Paulo, daquele dia em diante, sob a ação do ESPÍRITO SANTO, depois de ver cumprir-se o que aos homens havia sido ensinado pelo SALVADOR DO MUNDO: "A todos será dado o poder desde que para isso se encham de fé", tornou-se um dos mais devotados representantes de seus ensinamentos. O CABOCLO UBATUBA, tal qual o profeta que lhe restituiu a visão, com o propósito de elevá-lo ao posto de GUARDIÃO de sua Casa de Caridade, por meio da tolerante doutrina, intercedeu em seu favor, livrando-o das trevas espirituais e abrindo-lhe as portas para uma nova vida.

Desta feita, o Exu DAS SETE PORTAS, que tinha *olhos de Tomé* (expressão que compara alguém incrédulo ao apóstolo que precisou ver para crer na ressurreição de JESUS, tocando em suas feridas causadas pelos cravos que o prenderam ao madeiro), esclarecido pela verdade redentora, renunciou às ilusões que vinha alimentando e entregou-se de vez à irresistível tarefa de salvar novas almas, colocando-as nos mesmos caminhos que lhe permitiram conhecer a BONDADE, a VERDADE, a HONRA, o DOM DO PERDÃO, o AMOR, a FÉ e a GLÓRIA que emanam do SENHOR JESUS, o NAZARENO, cujas mãos, em luta incessante, na postura humilde de arrependido que assumiu, de tudo vem fazendo para, em breve tempo, merecer beijar; e diante de cuja resplandecente presença espera alcançar o mérito de poder ajoelhar-se e dizer, de coração aberto:

– AMO-TE, OH MESTRE DOS MESTRES, MEU PAI OXALÁ, CORDEIRO DA PAZ E FILHO DE DEUS.

## Capítulo 34

# Pontos do Exu das Sete Portas (Cantados e Riscados)

## PONTO CANTADO DO EXU DAS SETE PORTAS

Bis – Lá no fim daquela estrada, tem uma figueira torta,
Bis – É lá que fica a morada do Exu das Sete Portas.
Ora, chama por ele e não tenha medo,
"Seu" Sete Portas guarda segredo.
Chama por ele e não tenha medo,
"Seu" Sete Portas guarda segredo.
Laroiê, Exu!
Salve o Exu das Sete Portas,
Laroiê, Exu!
Salve o Exu das Sete Portas.

## PONTO CANTADO DO EXU DAS SETE PORTAS (PARA QUEBRAR DEMANDAS)

"Seu" Sete Portas tem as sete chaves,
Dos sete mistérios que ninguém vai desvendar.
"Seu" Sete Portas tem as sete chaves,
Dos sete mistérios que ninguém vai desvendar.
Pois ele recebeu ordem suprema,
Pra guardar segredo das mirongas que tem lá.
Pois ele recebeu ordem suprema,
Pra guardar segredo das mirongas que tem lá.
Oi, Calunguinha, oi Calunga,

Sete Portas no terreiro bota fogo na macumba.
Oi, Calunguinha, oi Calunga,
Sete Portas no terreiro bota fogo na macumba.

## LADAINHA CANTADA, DO EXU DAS SETE PORTAS

Bis – Diz que o sino da igrejinha faz belém, belém,
Bis – Em Belém nasceu Jesus, cuja sombra é minha luz.
Bis – Eu tenho sete portas para percorrer,
Bis – Cada uma é um mistério que hoje eu posso compreender,

A primeira é do Pai, gerador da criação,
A segunda é do Filho, símbolo da redenção.
Terceira é o Espírito Santo que me abranda o coração,

Bis – Diz que o sino da igrejinha faz belém, belém,
Bis – Em Belém nasceu Jesus, cuja sombra é minha luz.

A quarta é dos Orixás, comandando a natureza,
A quinta é da Umbanda que é Amor, Fé e Pureza,
A sexta é dos Exus na trilha da caridade,
E a sétima é daqueles que andam em busca da verdade,

Bis – Diz que o sino da igrejinha faz belém, belém,
Bis – Em Belém nasceu Jesus, cuja sombra é minha luz.

Vou transpor as sete portas, caminho da evolução.
Que eu conheci um dia para a minha salvação,
Quando o CABOCLO UBATUBA veio me estender a mão,
E, como a luz da Estrela Guia, me tirou da escuridão,

Bis – Diz que o sino da igrejinha faz belém, belém,
Bis – Em Belém nasceu Jesus, cuja sombra é minha luz.

## PONTO CABALÍSTICO DO EXU DAS SETE PORTAS

## PONTO RISCADO DO EXU DAS SETE PORTAS NA LINHA DE CARIDADE

# Biografia do Autor

**SILVIO FERREIRA DA COSTA MATTOS**, filho de Mauricy Lopes da Costa Mattos e de dona Nelair Nabuco Cirne Ferreira, nasceu no bairro da Lapa, na cidade do Rio de Janeiro, em 1º de junho de 1947.

Desde muito cedo, quando seus pais se desquitaram, foi recolhido, sucessivamente, a três internatos: Liceu São Luís, Liceu Aquidaban, ambos no Rio de Janeiro e Educandário da Sociedade Amigos dos Pobres – Cidade do Redentor, no município de Santa Isabel, no interior de São Paulo, onde, dos 5 aos 9 anos de idade, embora de forma obrigatória, manteve os primeiros contatos com o Espiritismo kardecista, durante as sessões de "mesa branca" que, temporariamente, ali eram realizadas por um grupo de diretores e de mantenedores do orfanato.

Ao deixar tal instituição, por opção própria, passou a praticar o Catolicismo; entretanto, sem entender o porquê, vez por outra, ia parar em algum centro espírita ou acabava participando, como espectador, de algum tipo de concentração mediúnica caseira. Aos 12 anos, embora fosse um católico fervoroso, com assídua presença na Igreja de Dom Bosco no bairro da Luz e na Igreja do Sagrado Coração de Jesus no bairro Campos Elíseos, em São Paulo, capital, acompanhando sua mãe que, em razão de uma obscura enfermidade (aos olhos da medicina acadêmica, visto tratar-se de um trabalho de magia negra) e aconselhada por uma amiga (dona Lourdes) que fazia parte da corrente mediúnica da Casa, fora se consultar com as entidades espirituais, ele entrou pela primeira vez em uma Tenda de Umbanda localizada no Canindé, próximo às lagoas (hoje aterradas), ali formadas pelas vazantes do rio Tietê, na qual contatou o Preto-Velho Pai João de Aruanda, que, anos depois, passou a ser um dos integrantes de seu grupo de protetores espirituais, na linha de Yorimá.

Quando foi morar no bairro Tucuruvi, aos 13 anos de idade, passou a frequentar, alternadamente, tanto a Igreja de Santa Joana D'Arc, no Jardim França, quanto a do Menino Jesus, na avenida Mazzei, na qual foi crismado. Depois, por breve tempo, sem que seus familiares soubessem, chegou a fazer parte de um grupo de jovens "Congregados Marianos", mas, mesmo assim, quando lhe era possível, assistia às engiras de Umbanda que aconteciam em um Terreiro que tinha por Mentor o Caboclo Bororó localizado na avenida Guapira, no mesmo bairro, ou na Tenda de Umbanda Pai Domingos, em Vila Formosa, quando se achava hospedado na casa de seus tios, que ficava nas proximidades.

Ao atingir a adolescência, com 15 anos de vida, em 1962, aflorou-lhe a mediunidade e, por desconhecer essa realidade e suas técnicas de controle, passou um longo período influenciado por obsessões espirituais, vendo vultos, pessoas já mortas e sentindo chegar-lhe emanações estranhas com as quais jamais houvera convivido. Essas resultavam, sempre, na perda de consciência, que os médicos, aos quais habitualmente era conduzido, confundiam com uma epilepsia ou esquizofrenia, embora todos os exames de eletroencefalogramas ou outros especializados não acusassem nenhuma anomalia.

Faltava-lhe o ar, sentia tonteiras e, às vezes, tinha a sensação de estar flutuando no espaço. Foi assim, até que, certo dia, percebendo que os sintomas iam começar, tentou correr para casa, porém, antes que o pudesse fazer, caiu em uma valeta a céu aberto e ali permaneceu desacordado até que alguém o socorresse. Ao recobrar os sentidos, o primeiro rosto que avistou foi o de uma senhora espanhola, já idosa, que com um punhado de ervas na mão o alertou, ao mesmo tempo em que perguntava:

"Menino, nunca lhe disseram que você não é doente, mas, sim, um médium que precisa se desenvolver?"

Assustado com aquela constatação, respondeu que não e que também não desejaria o ser ou o fazer, pois, àquela altura, já se integrava como fiel frequentador das igrejas São Benedito das Vitórias e Nossa Senhora do Sagrado Coração, localizadas também na Vila Formosa, visto que havia passado a viver na companhia de seus amados tios, Noebby e Yolanda, nas adjacências, na rua São João Gualberto, na Vila Mafra.

Por mais que tentasse fugir da missão, não conseguia livrar-se dos efeitos redundantes de um dom descuidado e despreparado em que os espíritos se comportavam de maneira caótica, preponderando a presença daqueles que, sem nenhuma noção de sua própria condição de desencarnados, inconsciente e diuturnamente, viviam lhe causando perturbações.

Cansado de tanto sofrimento, certo dia resolveu ceder e compareceu ao Centro Espírita Chefe Brogotá, dirigido por dona Brígida, a mesma que o havia alertado sobre tais dons. Lá, depois de, por mera curiosidade, folhear alguns livros de Allan Kardec que se encontravam em uma pequena biblioteca, passou a interessar-se pela literatura básica da doutrina, na qual obteve respostas lógicas para muitas de suas dúvidas e, assim, decidiu converter-se, na fé, ao novo segmento.

Tempos depois, durante as sessões em que houvera passado a atuar como membro da mesa, começaram a manifestar-se por meio da "psicofonia" (fala direta do espírito por meio do fenômeno da incorporação mediúnica) entidades de outras linhagens, mais propriamente de Umbanda, entre as quais o CABOCLO UBATUBA, que anunciou suas diretrizes a serem cumpridas por seu intermédio, como seu novo "aparelho", e atribuiu-lhe o compromisso de, futuramente, fundar seu templo religioso onde, juntos, exerceriam a caridade e difundiriam o amor universal, a fé e a doutrina dos Orixás com base nos ensinamentos do Evangelho de Jesus.

Decorridos 19 anos desde sua iniciação, contando com o apoio de diversos familiares e amigos, entre os quais alguns continuam fiéis à sua luta, inaugurou a Associação de Pesquisas Espirituais Ubatuba – APEU – Templo de Umbanda Branca do Caboclo Ubatuba, em 17 de janeiro de 1981, onde, ainda hoje, permanece nas funções de presidente administrativo e diretor espiritual. Conduz um razoável grupo mediúnico formado por pessoas dotadas de grande responsabilidade diante de suas missões, entre as quais, após um período de preparação, algumas delas passaram a liderar casas ramificadas, pautadas nos mesmos ideais da religiosidade, da difusão da fenomênica mediúnica, da ciência umbandista, da arte que a integra, da excepcional filosofia espiritual e das verdades divinas.

Os conhecimentos adquiridos ao longo dos 47 anos de participação ativa, de estudos e pesquisas no campo da "Sagrada Crença", principalmente voltada ao Espiritismo e à Umbanda, permitiram-lhe lecionar sobre a matéria, nos cursos periódicos que costuma ministrar no Terreiro, tais como: "Curso de Iniciação e Aperfeiçoamento Mediúnico" e "Cursos Básicos de Umbanda", níveis I e II.

Como representante maior da Associação Religiosa, tem participado de vários Encontros, Palestras, Locutórios e Congressos Umbandistas, ao lado de renomadas autoridades representativas do meio. Cursou a Faculdade de Ciências Contábeis da antiga FZL, atual UNICID, no Tatuapé, em São Paulo. É ex-bancário, setor onde fez carreira indo do cargo de contínuo até o de auditor. Hoje, encontra-se aposentado, porém permanece na ativa como microempresário do ramo de vidros e acessórios para veículos. É radialista, locutor e produtor com formação pela Radioficina Curso Técnico de Radialismo, com registro profissional no Ministério do Trabalho. Apresenta, pela TV Saravá Umbanda, o Programa Mediunidade e Umbanda e, pela TV Guardiões da Luz, o Programa Seara de Umbanda, ambos transmitidos via Internet. É colunista colaborador da revista *Guardiões da Luz*, *Umbamda Centenário, Orixás Especial e Espiritual* de Umbanda, revisor e colunista do *Jornal Umbanda Branca* e da revista virtual *Correio da Umbanda*, esta última de Curitiba, Paraná. Fez escola de desenho e artes no Instituto Nobel de Tecnologia, daí apresentar alguma habilidade para pinturas artísticas. Possui ainda diversos certificados de honrarias, participação em eventos umbandistas e aperfeiçoamento profissional. Foi agraciado com a medalha da Ordem das Entidades Afro-Brasileiras pela qual recebeu o título de Comendador Cavaleiro Palmarino da Justiça e da Paz. Escreveu, por inspiração do Caboclo Ubatuba e por um processo de projeção em tela mental no qual é transportado para as cenas que descreve, a primeira obra literária de cunho umbandista que lhe foi autorizada pelas Forças Superiores, o romance *O Arraial dos Penitentes*, editado em 2002 que se encontra distribuído por todo o país, inclusive em Nagoya, no Japão, onde muitos brasileiros umbandistas estão radicados. Ressalte-se que tal fenômeno mediúnico não é exclusividade sua, visto que, apesar de pouco usual, de vez que as formas psicográficas têm sido as mais aplicadas, constata-se a existência de vários outros trabalhos do gênero cujos escritores também foram utilizados pelos espíritos como narradores romancistas pelo mesmo processo, tal como Yvonne A. Pereira, em *Memórias de um Suicida*, na transcrição encontrada na página 9 da introdução da 18ª edição, feita em 1954.

Agora, ao término deste novo livro *A Trajetória de um Guardião Viking*, no qual pôde retratar, pelo mesmo método mediúnico, a vida carnal e espiritual de Surgat Krone, o EXU DAS SETE PORTAS, vem propor uma nova abertura no leque de conhecimentos e entretenimentos oferecidos àqueles que amam a Umbanda, têm sede de saber e caminham em busca da evolução espiritual.

# Bibliografia

ALMEIDA, João Ferreira de (Trad. para a língua portuguesa). *A Bíblia Sagrada*. 1ª ed. Rio de Janeiro: Sociedade Bíblica do Brasil, 1958.
ALVA, Antônio de. *O Livro dos Exus*. 1ª ed. Rio de Janeiro: Editora Eco, 1967.
BITTENCOURT, José Maria. *No Reino dos Exus*. 2ª ed. Rio de Janeiro: Editora Eco, 1974.
COSTA, Ricardo da; LEMOS, Tatyana Nunes e FILHO, Orlando Paes. *Vikings*. 1ª ed. São Paulo: Editora Planeta do Brasil Ltda., 2004.
ENCICLOPÉDIA O Tesouro da Juventude. São Paulo: Gráfica e Editora Brasileira,1958. Volumes V, VI, VIII, IX, X, XI, XV. [W. M. Jackson, Inc. Editores].
ENCICLOPÉDIA Semanal Ilustrada Conhecer. Números 7, 10, 12, 13, 17, 18, 21, 24. São Paulo: Editora Abril, 1969.
FERREIRA, Aurélio Buarque de Holanda. *O Novo Aurélio – O Dicionário da Língua Portuguesa*. 3ª ed. Rio de Janeiro: Editora Nova Fronteira S.A., 1999.
FONTENELLE, Aluízio. *Exu*. 1ª ed. [s.l.]: [s.n.], [s.d.].
GOMES, Edson. *Histórias do Povo de Umbanda*. 1ª ed. São Paulo: New Transcendentalis Editora Ltda., 1996.
INSTITUTO BRASILEIRO DE GEOGRAFIA E ESTATÍSTICA. Equipe Diatadegeo. *Atlas Geográfico*. 3ª ed. Rio de Janeiro: FAE, Ministério da Educação, Fundação de Assistência ao Estudante, Editora MEC/FAE/RJ, 1986.
RAMATÍS. *A Vida Além da Sepultura.* Psicografado por Hercílio Maes. 1ª ed. Rio de Janeiro: Editora e Livraria Freitas Bastos S.A., 1958.
_____. *Magia de Redenção*. Psicografia por Hercílio Maes. 1ª ed. Rio de Janeiro: Editora e Livraria Freitas Bastos S.A., 1967.
MARMORI, Margareth. "Os Guerreiros de Odin". *Revista Superinteressante*, Arqueologia, nº 6, ano 12. São Paulo: Editora Abril, jun.1998.
MOLINA, N. A. *Antigo Livro de São Cipriano* Gigante e Verdadeiro (capa de aço). 4ª ed., Rio de Janeiro: Editora Espiritualista Ltda, s.d.

RAINHA, Augusto R. e GONÇALVES, José A. *Cours de Français*. 156ª ed. São Paulo: Editora do Brasil S.A., 1967.
REVISTA OS ORIXÁS. São Paulo: Editora três LTDA., 1983 – mensal.
HEYMANN, Gisela. "Vikings, a fúria Nórdica". *Revista Superinteressante*. História. nº 12, ano 6. São Paulo: Editora Abril, dez. 1992.
SARACENI, Rubens. *O Livro de Exu – O Mistério Revelado*. São Paulo: Madras Editora, 2007.
SILVA, W. W. da Mata. *Lições de Umbanda (e Quimbanda) na palavra de um Preto-velho*. 4ª ed. Rio de Janeiro: Livraria e Editora Freitas Bastos S.A., 1975.
\_\_\_\_\_. *Segredos da Magia de Umbanda e Quimbanda*. 2ª ed. Rio de Janeiro: Livraria e Editora Freitas Bastos S.A., 1982.
\_\_\_\_\_. *Umbanda de Todos Nós*. 4ª ed. Rio de Janeiro: Livraria e Editora Freitas Bastos S.A., 1974.
SOUZA, Osvaldo Rodrigues de. *História Moderna e Contemporânea*. 16ª ed. São Paulo: Editora Ática S.A., 1988.
TAHAN, Malba. *Lendas do Deserto*. 13ª ed. Rio de Janeiro: Editora Conquista, 1963.